伝説のファンドマネジャー
&プロ経営者が伝授

1%の人が知っている99%勝てる株が見つかる本

山本 潤　皆木和義

かんき出版

はじめに

初心者でも、たったの20分で99％勝てる株を見つけられます。

皆さんが株式投資に対して抱くイメージはどのようなものでしょうか？

▼リスクが高い
▼毎日株価を見ないといけない
▼チャートの読み方や専門用語など勉強することが多い
▼素人が勝つのは難しい

特に投資初心者ほど、こうしたネガティブなイメージをお持ちかと思います。

たしかに「投資」と名がつく以上、リスクはゼロではありませんし、まったくの無知で勝てるものでもありません。時間もそれなりにかかるでしょう。

また株式投資の場合、数百万円以上の自己資金が必要な不動産投資などよりも参入障壁が低いため、ライバルとなる個人投資家が山ほどいます。

パソコンの前で1日を過ごす専業投資家も珍しくない世界ですので、普通の勤め人が安定的に勝てるようになるには、さまざまな試行錯誤が求められます。

……と申しましたが、**それは99%の人たちが持つ株式投資のイメージ**です。

本書でお伝えするのは、それとは真逆の株式投資です。

つまり、

「初心者でもほぼ時間をかけず、99%の確率で勝てる株が見つけられる」

ということです。

20年以上キャリアのあるファンドマネジャーという立場で、こんな発言を（しかも書籍というメディアを通して堂々と）したことがある人間は私だけでしょう。

なぜそんなことが断言できるのか？　そう疑うのも当然です。詳しくは序章で論じますが、簡単に解説をしていきましょう。

「株価」は予測不可能だが「配当」は予測可能

株式投資による利益は「キャピタルゲイン」と「インカムゲイン」に分かれます。キャピタルゲインは「保有銘柄を買った値段より高く売ることによる利益」を指し、インカムゲインは「配当」を指します。

一般に「株で儲けた」という場合、〝株価の変動を当てて（先読みして）キャピタルゲインを得た〟というイメージを持つ方が多いでしょう。一方のインカムゲインは大きく儲かるものではなく、どちらかといえば地味な印象を持たれがちです。

この本で紹介するのは後者のインカムゲインによる投資、つまり「長期的に配当の成長が期待できる株を購入し、投資額を早期に回収する」という手法です。

より正確に言うと、配当が数倍、数十倍になる業績拡大が見込まれる成長企業、または、たとえ不景気になっても配当が維持される企業を見つけるということです。

「短期の株価の値動き」を当てることは誰にもできません。

しかし、配当は財務内容と経営者の意思で決まるため、株価のようにランダムには動きません。**「株価の値動きを先読みすることはできないが、配当は予測可能」**なのです。

そして、本書で紹介する投資手法は、株価の推移よりも配当をチェックすればいいので、かかる時間はほぼありません。

具体的に言うと、**まず第1章で紹介する「20分でできる11のシンプル計算」を用いて銘柄を選びます。その後は基本的に保有し続け、年に一度の本決算が発表されたタイミングで同じ11の計算を行い、保有銘柄を売るか持ち続けるかを判断するだけ**です。

本業があり多忙な日々を送る方々にとって、最高の株式投資だといえるでしょう。

日本には配当が3倍になる企業が多く存在する

大半の人は「株価の下落＝失敗」と切り捨てますが、毎年の配当があれば、株価が下がったとしても配当収入の総額がキャピタルロス（株価の値下がりによって生まれる損失）を上回る時点がきます。

その意味で、**株式投資の失敗とは、「株価の下落」ではなく「配当がなくなること」なのです。**

ここで、株式投資においていかに配当が重要なのか例を示しましょう。

次ページのグラフは、ＪＴ（２９１４）の配当利回りの推移です。１９９０年代は１％に満たない利回りでしたが、現在は５％近くにまで上昇しています。

このような５％の利回りの株を仮に10年保有し、その間に得た配当を再投資すると

JT（2914）の配当利回り推移

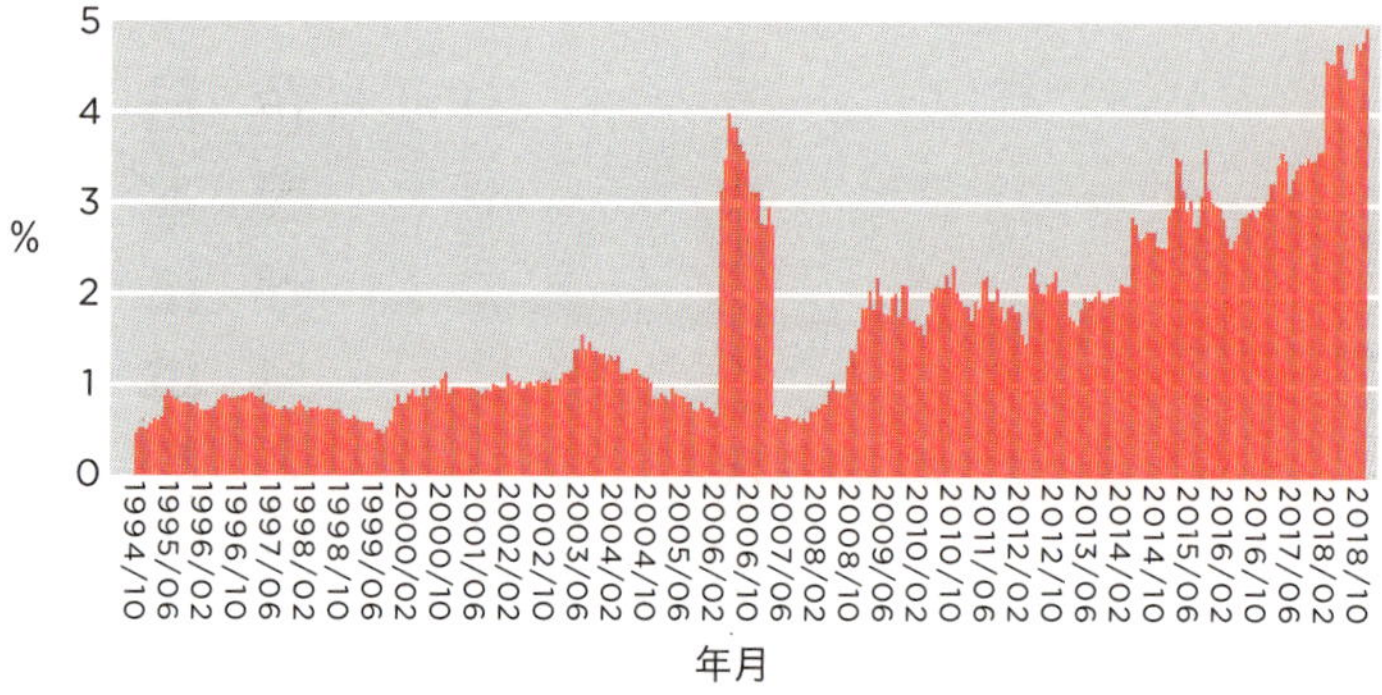

株式会社金融データソリューションズ（以降、FDS）のデータを基に作成

しましょう。すると、1・05を10回掛けた1・63倍に保有株数は増えていきます。

保有株数が1・63倍になるということは、購入時よりも株価が38％下がってもトータルでは負けない（＝元本割れしていない）ということを意味しています。

さらに、同じく利回り5％の株の配当を20年間再投資すると、投資元本は2・65倍になります。これは、株価が購入時より6割下がってしまってもトータルでは負けていないことと同義です。

たとえ株価が上がらなくても、「配当利回りが5％を維持し、その後、配当が

3倍になる企業」を選ぶことができれば、利回りは15％となります。そして、15％の利回りの株を10年再投資していけば、最終的に元本は4倍にまで増えるのです。

「配当が3倍になる株なんてあるの？」と思われたかもしれません。

しかし、**日本株には財務内容が良好で、配当性向（利益をどれだけ株主に配当するかという割合）をすぐにでも3倍にできる銘柄が多数あります。**

そうしたお宝成長株の見つけ方は、第1章で詳しくお伝えしています。

懸念だらけの日本経済で長期投資なんて大丈夫なのか？

投資期間が10年、20年と聞くと、これからの日本経済を悲観して、不安を抱かれる方も多いでしょう。少子高齢化、人口減少など暗いニュースがメディアを賑わせているので、その気持ちももっともです。

しかし、心配には及びません。

日本には、GDPや市場の成熟度とは無関係に業績が動く企業が多く存在するからです。

実は、「失われた20年」といわれたバブル経済崩壊後のデフレ下においても、急成長する企業は数多くありました。そして、今後も変わらず多くの成長企業が活躍していくことでしょう。

例えば、日本ではガソリンスタンドが経営難からその数を大きく減らしています。資源エネルギー庁の「揮発油販売業者数及び給油所数の推移（登録ベース）」によると、その数は30年間でおよそ半分に減っているのです。

そう聞くと、「ガソリンスタンド向けにサービスをしている会社はどこも苦しい」と考えてしまいがちです。

しかし、この縮小したマーケットで「売上を5年で2倍」にした例外的な企業が存在します。それがＫｅｅＰｅｒ技研（６０３６）という企業です。

ＫｅｅＰｅｒ技研はなぜ、縮小する業界で業績を伸ばし続けることができるのでしょうか。

KeePer技研（6036）の売上高推移

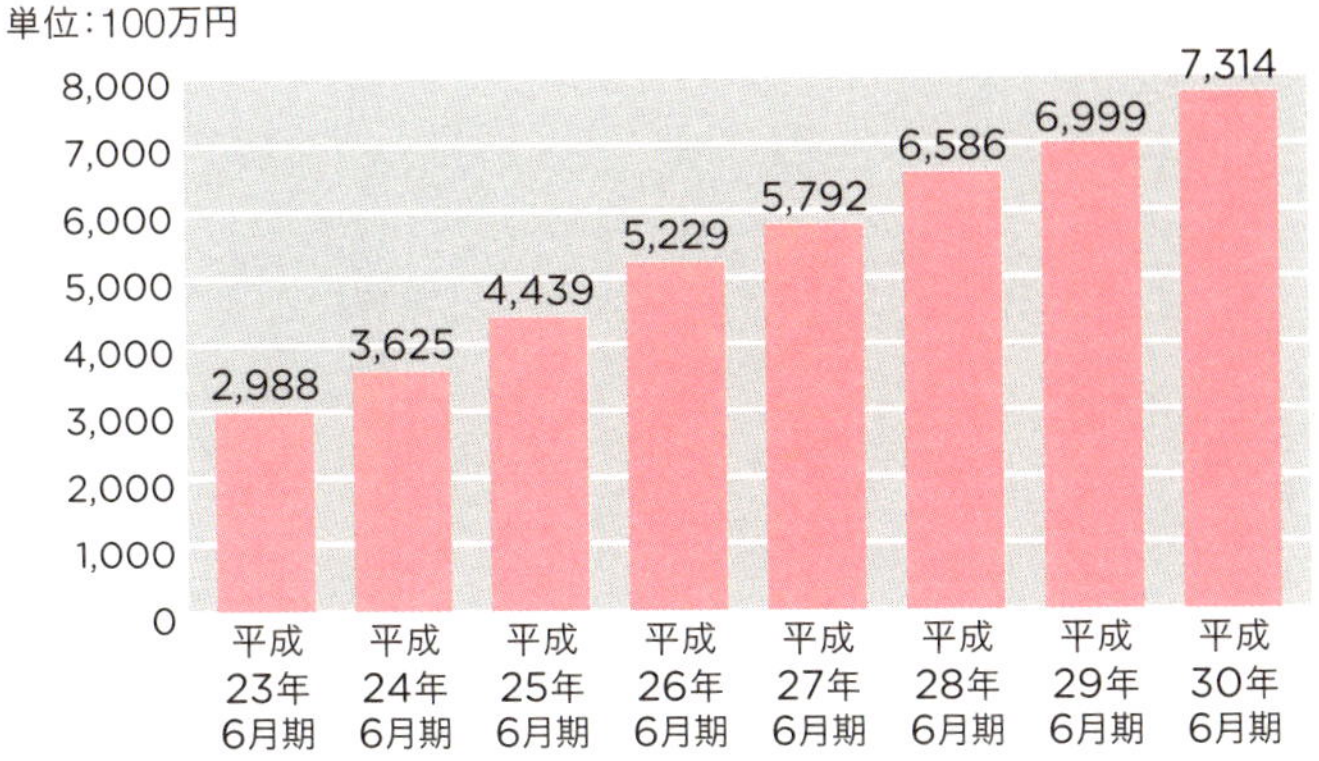

出所　KeePer技研HPより

それは、車をピカピカにコーティングする「カーコーティング」の材料をガソリンスタンドに提供するという新サービスをしているからです。カーコーティングはワックスと違い、雨が降ると逆に洗車したように綺麗になります。このサービスによって、市場が縮小するなかでKeePer技研は売上を伸ばし続けることができているのです。

こうした例は、縮小業界に限った話ではありません。

多くの上場企業は、経済成長が期待できる新興国で事業を展開しており、海外からの旅行者に評価される内需企業も数多くあります。

つまり、海外需要を取り込むことができる企業は、国内経済が低迷したとしても成長できるのです。

全体の経済状況と個別株の投資成果は、必ずしもリンクするわけではありません。

今後、たとえ日本経済が衰退しても、成長し続ける企業は必ず一定数存在するのです。

大半のファンドマネジャーが見逃していた、たった1つの指標

私（山本）は、日本株のファンドマネジャー歴が20年を超えるベテラン投資家です。

1997年から2004年までは米国の年金運用機関に勤めました。当時、日本株で1000億円程度を運用し、ライバル100社強の日本株年金運用で運用成績トップとなりました。

生き残りが非常に厳しい業界で20年以上もファンドマネジャーを務められたのは、私が他のファンドマネジャーとは違うポイントに着目していたからです。

大多数のファンドマネジャーは、朝早く出勤し、ニューヨークの市況やアナリストレポートを丹念に読み、外部環境や相場の方向性、つまり、日本株全体が上がるか下がるかの不毛な議論をしていました。

しかし私は、朝から数学の勉強で頭を鍛え、昼過ぎに出社していました。そのせいか、**〝アジア地区でもっとも出勤時間の遅いファンドマネジャー〟**とライバルや営業部門の同僚から呼ばれていたほどです。

それどころか、日中は理工学部大学院に通っていたので、株価のチェックは1日1回、銘柄のチェックは2週間に1回程度しか行いませんでした。

なぜそんなことをしていたかというと、相場の動きを予測することを諦めていたからです（疲れるほど働きたくなかったからというのもありますが）。そのため、政治動向や経済動向、マーケットの需給動向には無関心でいられたのです。

それでも成績がトップクラスであった理由は単純です。

私は、株式投資において真に役立つ、ある指標を重視していたからです。

それは**「営業費用売上比率」**（費用1円あたりの売上）です。

99％の人が知らないことですが、日経新聞やアナリストレポートを見なくとも、「営業費用売上比率」の高さとトレンドを基準に投資先を選ぶことで投資成績は目を見張るほど安定します。

これは企業経営の大原則ですが、商品の儲けが減ると在庫投資が負担になるため、資本効率が落ちていきます。利益率の悪い商品を扱うと、必然的に企業は財務内容が悪化するわけです。

例えば、10円で仕入れて11円で売る場合、利益1円を得るために在庫投資10円が必要ですが、1円で仕入れて11円で売れるなら、在庫投資は1円で利益10円を得ることができます。

このように投資効率（商品の仕入れ値と価格との関係）を見ていくと、両者には雲泥の差があります。だからこそ私は「営業費用売上比率」が高い企業だけをシンプルに投資対象にしたのです。

しかし、「営業費用売上比率」に着目しているファンドマネジャーは、私が知る限り一人としていませんでした。この指標にこだわって銘柄選びをすると、全上場企業の8割が投資対象から外れてしまうからです。

一般的なファンドマネジャーは、100社以上に分散投資をします。私のように、40銘柄以下の厳選投資スタイルではないので、リスクヘッジという名のもと、多くの投資先を選ばないといけないわけです。

また、大半のファンドマネジャーはPER（株価収益率）の逆数である「益利回り」を株式投資の期待リターンとして見ていました。

しかし私は、「営業費用売上比率」を用いることでPERを使わずとも理論株価を算出し、正しい投資判断ができることを知っていました。

これは数学を専門にしていたことが大きな要因でしょう。

大半のファンドマネジャーが教科書に載っている汎用モデルしか知らないなか、私は数学的知識を応用した実務に耐えうる「多段階配当モデル（2段階モデル）」を開発しました。これが運用成果の差別化に大きく貢献したと思っています。

日本で初めての多段階配当モデルの実践書

この本では、私がこれまでの経験から導き出した「99％勝てる成長株の見つけ方」を余すところなくお伝えします。また、他の株式投資の本では紹介されていない、本来の株式バリエーションの手法をまとめました。

本来であれば、**積分を多用しなければ利用できない複雑な多段階配当モデルを、数々の工夫を施すことにより、数式を使わないで紹介しています。**

その意味で、本書は多段階配当モデルの日本で初めての実践書となっています。

また、株式投資に少しでも関心がある人なら「ＰＥＲ」（株価収益率）や「ＰＢＲ」（株価純資産倍率）をご存じだと思いますが、こうした簡易的な指標だけでは、本当の株価の割安度を測ることはできません。将来価値をベースにした「本質的な株価の算定手法」をぜひ、この機会に身につけてほしいと願っています。

本書の構成です。

序章では、長期投資の重要性、成長企業とは何かをわかりやすく解説します。

また、減配のリスクがない企業とはどんな企業なのか、企業が売上を過去着実に伸ばしている場合は、その意味を掘り下げて解説をしています。

第１章では、収益力と成長力と経営の評価、株価が十分に割安であることをチェックする11のシンプルな計算方法を紹介します。**この計算をするだけで、未経験者でも将来配当が大きく増えるお宝成長株を発掘できます。**

第２章では、具体的な銘柄を参考資料として掲載しています。**私がどんな銘柄を選**

んでいるのか気になる方は、この章から読んでいただいても構いません。

第3章では、本書の共著者であるプロ経営者の皆木和義氏が、成長企業を選ぶうえで最低限おさえておくべき経営者、経営戦略、ビジネスモデルの見極め方を解説します。ファンドマネジャーには語れない、しかし銘柄選びのうえでは欠かせないポイントをまとめていただきました。

さあ、1%の人しか知らない99%勝てる株式投資の世界を十分にお楽しみください。

1%の人が知っている
99%勝てる株が見つかる本

目次

序章 株の神髄は「成長株投資」である

第2章
いま仕込んでおくべき成長株を紹介！

第3章 成長株選びに欠かせない経営者、経営戦略、ビジネスモデルの見極め方

装丁　竹内雄二
本文デザイン・図版作成　荒井雅美（トモエキコウ）
DTP　野中賢（株式会社システムタンク）

※本書の内容は２０１８年12月1日現在の法令と情報に基づいています（別途、日付を書いている箇所もあります）。
※個別の金融商品への投資等については、情報をよく確認してご自身の判断で行ってください。本書を利用したことによるいかなる損害等についても、著者及び出版社はその責任を負いかねますので、ご了承ください。

序章

株の神髄は「成長株投資」である

長期で再投資をすれば、失敗の可能性は限りなくゼロ

〝株式投資は、買った値段よりも高い値段で売って儲けるものだ〟

多くの人はそう考えています。本書を手に取られた皆さんも同じように考えていらっしゃるかもしれません。

たしかに1日〜数カ月で結果を求めるような短期投資の場合、株の利益はキャピタルゲイン（値上がり益）が主となります。

しかし、キャピタルゲインを保証できる人は（インサイダー情報を持つ人を除けば）一人もいません。当たり前のことですが、株価がいつ・どれだけ動くかは誰にも予想できないからです。

それでも本書では、**「投資の成果は、ほぼ確実に保証することができる」**という立場をとります。

「そんなの、嘘に決まってる」。そう思われたかもしれません。

しかし、トップファンドマネジャーとして株式投資の世界に長く身を置いてきた私にとって、これは厳然たる事実です。

なぜそんなことが言えるのか。

それは、**「成長株を見つけ出し、長期的に再投資をしていけば、〝配当〟だけで元本を超える結果が残せるから」**、そして、**「99％勝てる成長株を見つける方法が存在するから」**です。

再投資とは、入ってきた配当を消費せず、再び株式に投資をすることです。こうした再投資の考え方は「複利」と呼ばれます。

現在、日本株には、年率3％を超える配当利回りの銘柄が全体の2割ほど存在します。5％を超える配当利回りの銘柄も約20点あります。例えば、JT（2914）や日産自動車（7201）などです。

利回り5％の銘柄に20年再投資をすると、簿価は2・65倍にも達します。**100万円を再投資していけば、20年後には265万円になる**ということです。

計算は次のようなものです。

初期の投資額が1に対して、1年後には配当5％が入ってくるので投資額は1・05に増えます。2年後は、1・05に対してまた5％のリターンですから、1・05の1・05倍（1・1025）に増えます。これを20回繰り返すと2・65倍になるわけです。

つまり、長期投資になればなるほど、キャピタルゲインを狙える機会が増えることはもちろん、配当も含めてトータルのリターンの最大化を狙うことができるようになるのです。

日本の上場企業はデフレ環境下でも7割が増収している

配当が維持できる銘柄であれば、株価の下落に対応できます。これは「はじめに」に書いたとおりです。そして、配当収入を再投資することで、投資額は加速度的に増えていきます。

したがって、**成長株投資において重視すべきなのは、「配当の安定性・成長性」**なのです。

前述の例は、年率5%を超える配当利回りの銘柄でしたが、これが3%の場合、配当だけで元をとるのには、何年必要でしょうか。

多くの方は、3%の逆数（その数に掛けると1になる数）である「33・3年が必要だ」と答えるでしょう。

しかし、3%を再投資するので、配当だけによる投資回収期間はもっと短いのです。一般的に、**配当利回りの逆数に0・69を掛けた値が再投資をした場合の回収期間**になります。

例えば、配当利回り3%なら23年で元がとれるということです(3%の逆数は33・3なので、そこに0・69を掛けると23年)。

この計算は再投資の利回りが一定と仮定しています。つまり、配当が維持されて、株価も一定の場合の配当だけで投資金額が回収できる期間です。

「23年もかかるのか」と思われたかもしれません。

しかし成長株に投資した場合、投資直後は3%の配当利回りでも、長期的には増配していくため、投資金額の回収期間がさらに短縮します。

そう聞くと、「長期にわたって配当利回りを維持、成長する企業はあるのか?」という疑問を持つ方もいるかもしれませんが、実は、**多くの企業の業績は拡大しており、減収の年よりも増収の年のほうが多い**ことがわかっています。

上場企業増収率の平均の推移

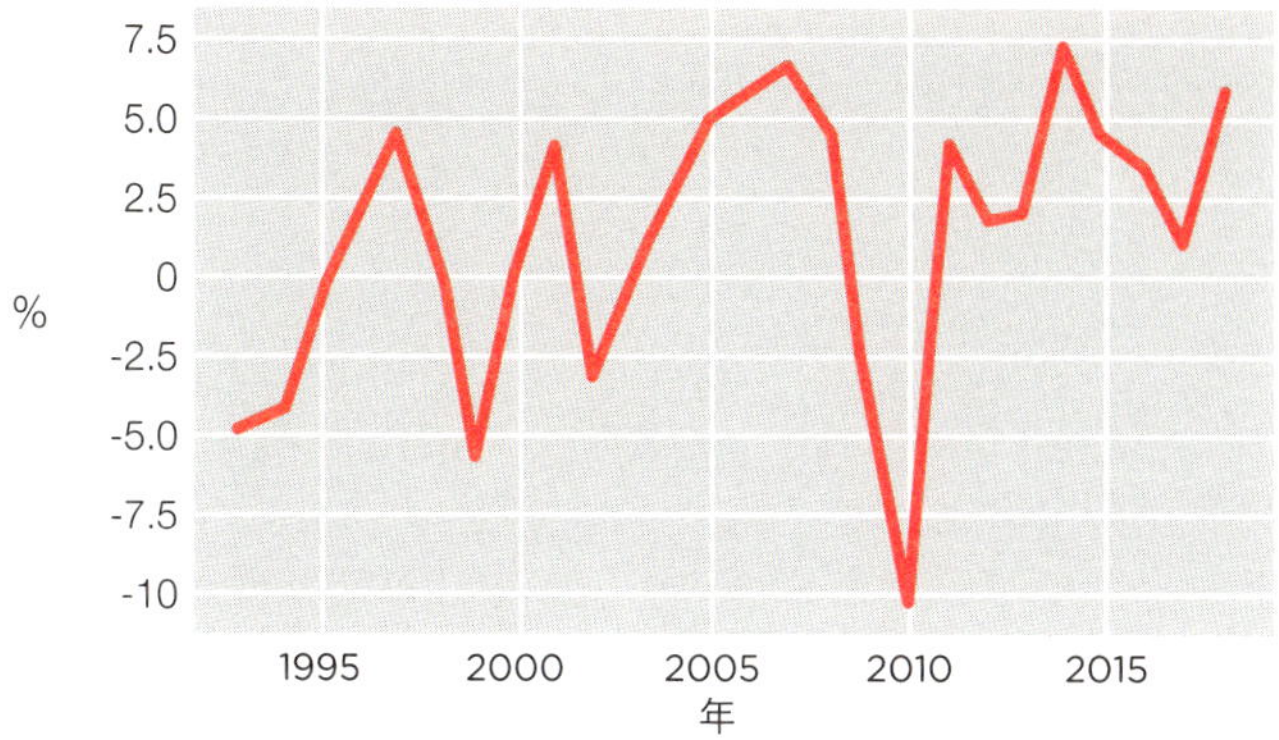

FDSのデータを基に作成

上の図を見てください。

これは「上場企業の増収益の平均の推移」を示したものです。

１９９３～２０１７年の25年間のうち、増収の年は17年なので7割弱、減収の年は8年のみ（１９９３年、１９９４年、１９９５年、１９９８年、１９９９年、２００２年、２００９年、２０１０年）なので３割強の割合です。

このように、**短期では減収が続くこともあるものの、じわりじわりと増収が数年にわたって続くのが王道パターンなのです。**なかには、ドンキホーテ（７５３２）、ニトリ（９８４３）など20年連続で増収の企業もあります。

ドンキホーテ（7532）の増収率の推移

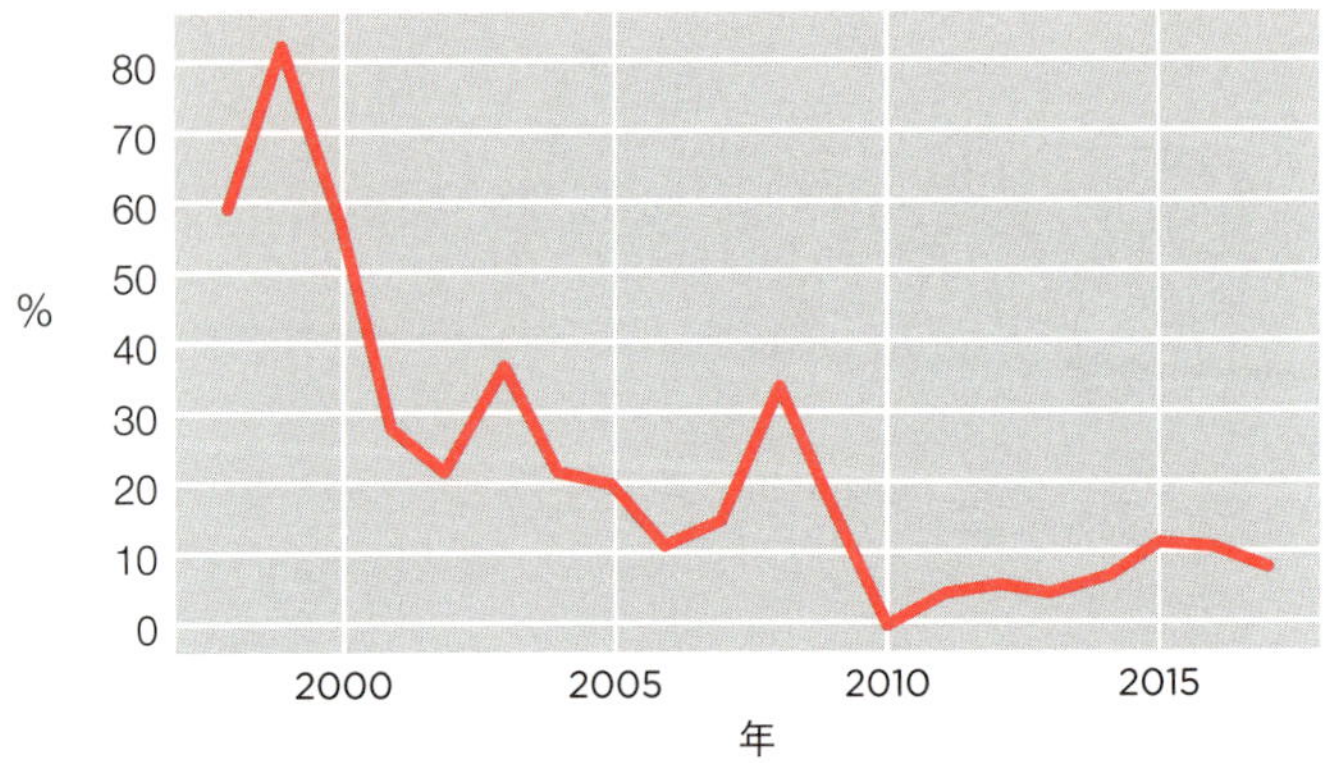

ニトリ（9843）の増収率の推移

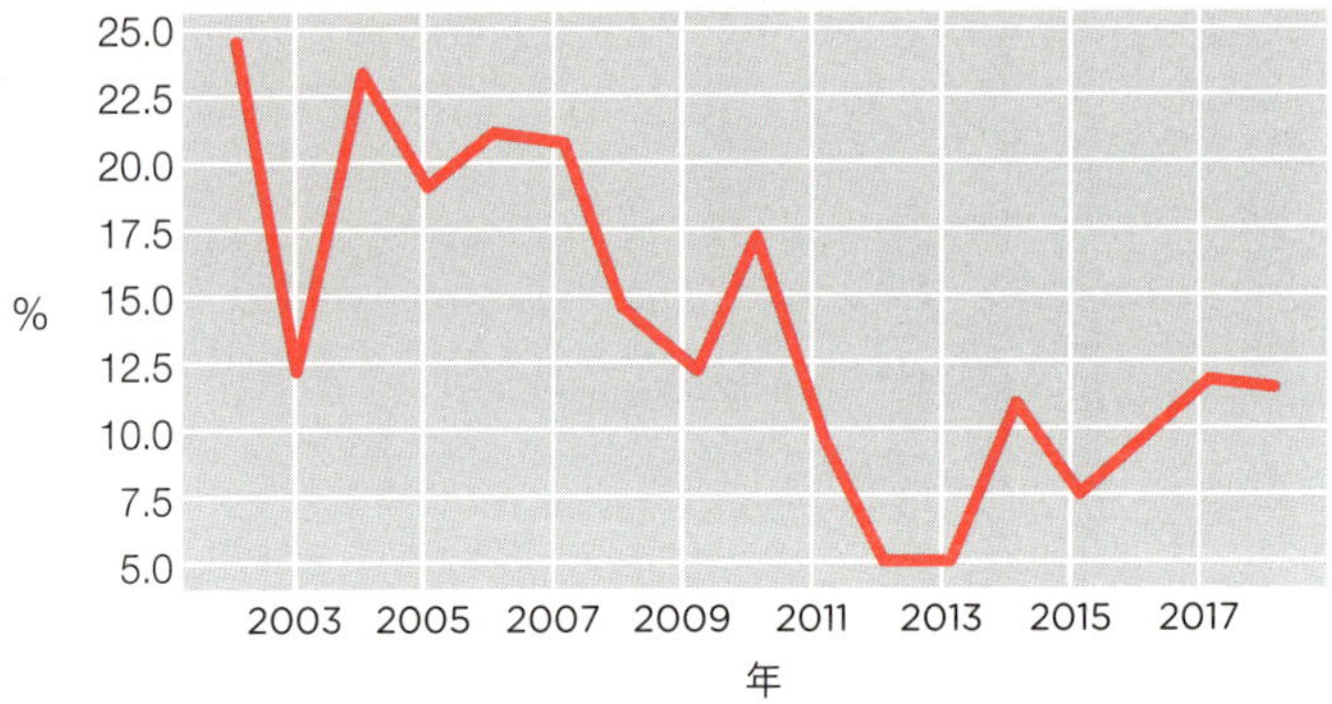

いずれもFDSのデータを基に作成

日本は「失われた30年」といわれていますが、企業業績においては「大健闘した30年」であることがわかります。

日本の上場企業は超キャッシュリッチ！

現在、企業の財務体質は過去最高といってよいほど良くなっています。

37ページの上図のとおり、**日本企業の自己資本比率の推移を見ると、過去25年間一貫して上昇しています。**1990年代には30%台でしたが、現状は50%を超えているのです。

また、日本の上場企業（金融除く）の保有する現金を合わせると、この26年間で50兆円以上増加して、2018年現在100兆円を突破しました（37ページ真ん中の図）。

上場企業は財務内容がよく、毎年の利益から現金をさらに積み上げる必要がないほど、すでに現金を大量に保有しています。

つまり、**上場企業の手元には期間利益のほとんどを配当に回したとしても有り余るほど、十分なキャッシュがあるということです。**

また、日本企業の配当性向（利益をどれだけ株主に配当するかという割合）は2018年時点で3割程度ですが、**将来的には4～5割に向かっていく**と私は想定しています。

その理由は次の3つです。

▼米国の配当性向が4～5割であること
▼期間利益を過去十分溜め込んだため、バランスシートの保有現金が過大になっていること
▼高齢の投資家の比率が上がっていくため、投資家からの配当性向の引き上げへの要求が社会的な背景として高いこと

日本企業の自己資本比率の推移

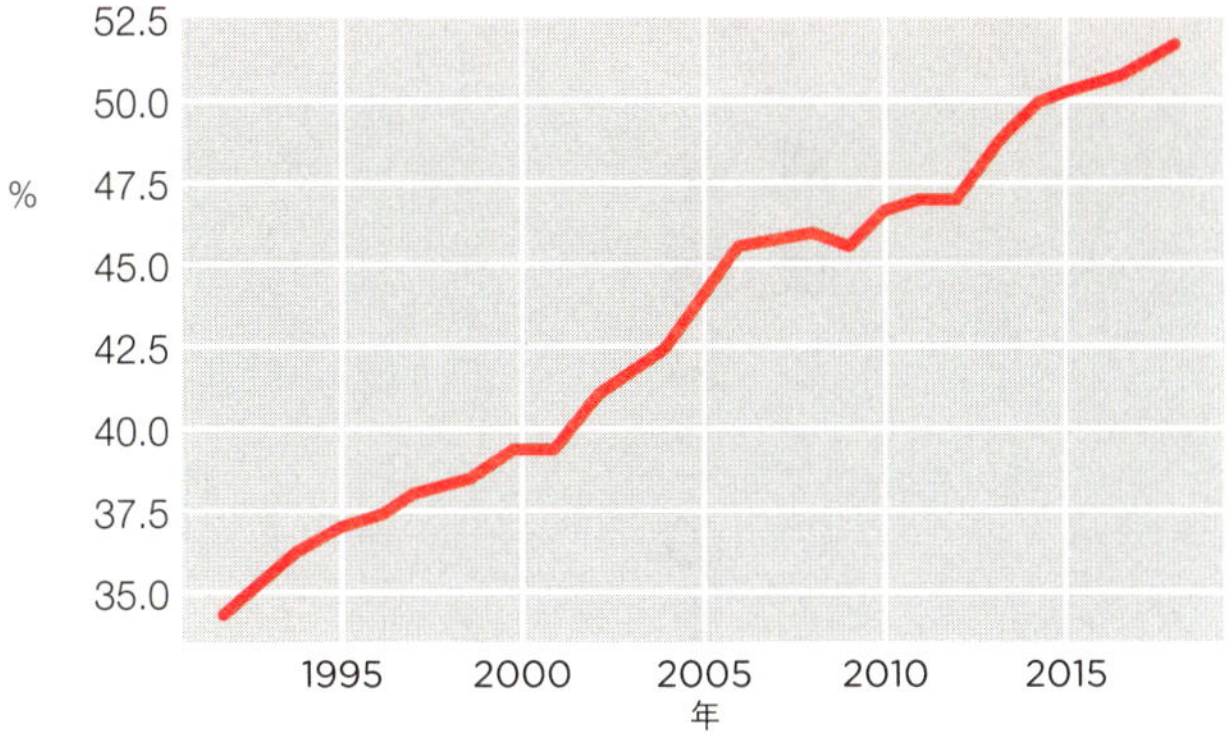

日本企業の保有現金推移

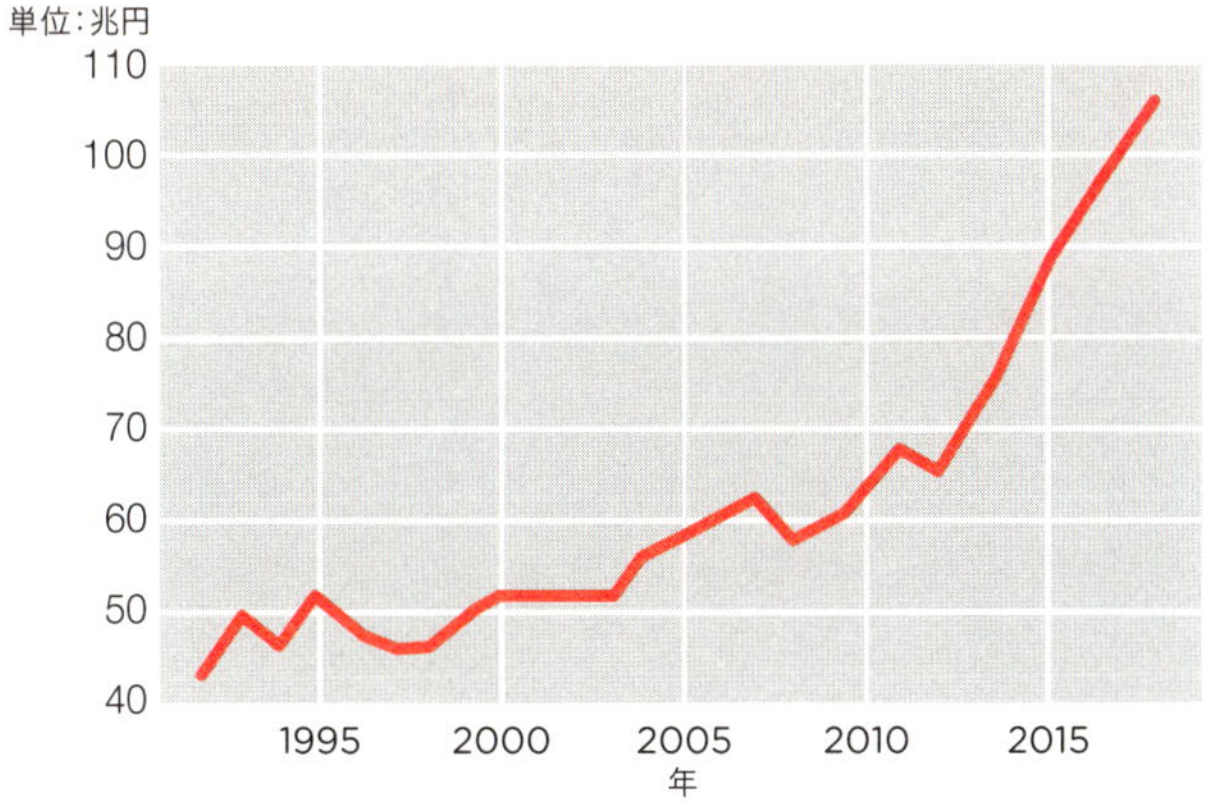

いずれもFDSのデータを基に作成

将来の利益水準が高まり、そして配当性向も高まるならば、買値簿価に対する利回りは大幅に高まります。

例えば、株式購入後、利益と配当性向が倍になれば、即座に4倍の配当となります。購入当時の配当利回りが2%ならば、その4倍の8%の利回りとなります。そして、利回りが4倍になれば、買値を回収できる期間も4分の1に短縮できます。

このように「配当性向」は、投資家にとって非常に重要な指標といえるのです。

企業はどのように成長していくのか？

一般的に、企業があげた利益の行き先は2つあります。1つは「株主への配当」、もう1つは「企業の内部に留保される自己資本」です。

自己資本とは、文字どおり「自分のお金」のことで、借金と違って返す必要がありません。株式会社の場合、自己資本は株主が拠出します。

企業は自己資本から事業に必要なお金を引き出します。事業に必要なお金は、**営業費用**（社員の給料、賃料、設備投資の結果として生じる減価償却費、商品仕入れや原材料の費用、サーバーの使用料金など）と呼ばれます。

売上高から営業費用を引いたものを**営業利益**、そして営業利益から法人税を引いた後の値を**NOPAT**（Net Operating Profit After Tax）と呼びます。

企業はNOPATから株主に対して配当を支払います。配当として支払われなかった部分は**内部留保**といい、その分だけ自己資本が積み上がっていきます。また、1から配当性向を引いた値を**内部留保率**といいます。

自己資本が増えると、企業はそのお金を使って社員を増やしたりするなどして、営業費用をさらにかけることができます。そして売上を伸ばして配当を払い、内部留保でさらに自己資本が増えていくのです。

例をあげて考えてみましょう。

ある企業が事業を始めるにあたって、自己資本1億円を用意したとします。1億円を使って人を雇い、営業費用は1億円かけたことで、売上が2億円になりました。

そうなると、1億円の利益が出たことになります。税金が4000万円だとすると、NOPATは6000万円です。

この場合、配当が3000万円と仮定すると、配当性向は50%となります。内部留保は残りの3000万円です。内部留保率は1から50%を引くのでやはり50%です。

そして、自己資本は内部留保の分が加わるので1・3億円となります。すると、企業は新たに0・3億円分の人員を拡充できます。1・3億円分の営業費用をかけられます。よって、次も2・6億円の売上が期待できるでしょう。

結果、「利益は1・3億円。NOPATは……」というように自己資本、利益はどんどん拡大していくのです。

このように何年も経ることで企業規模が拡大していくのです。

再投資による自己資本の増加

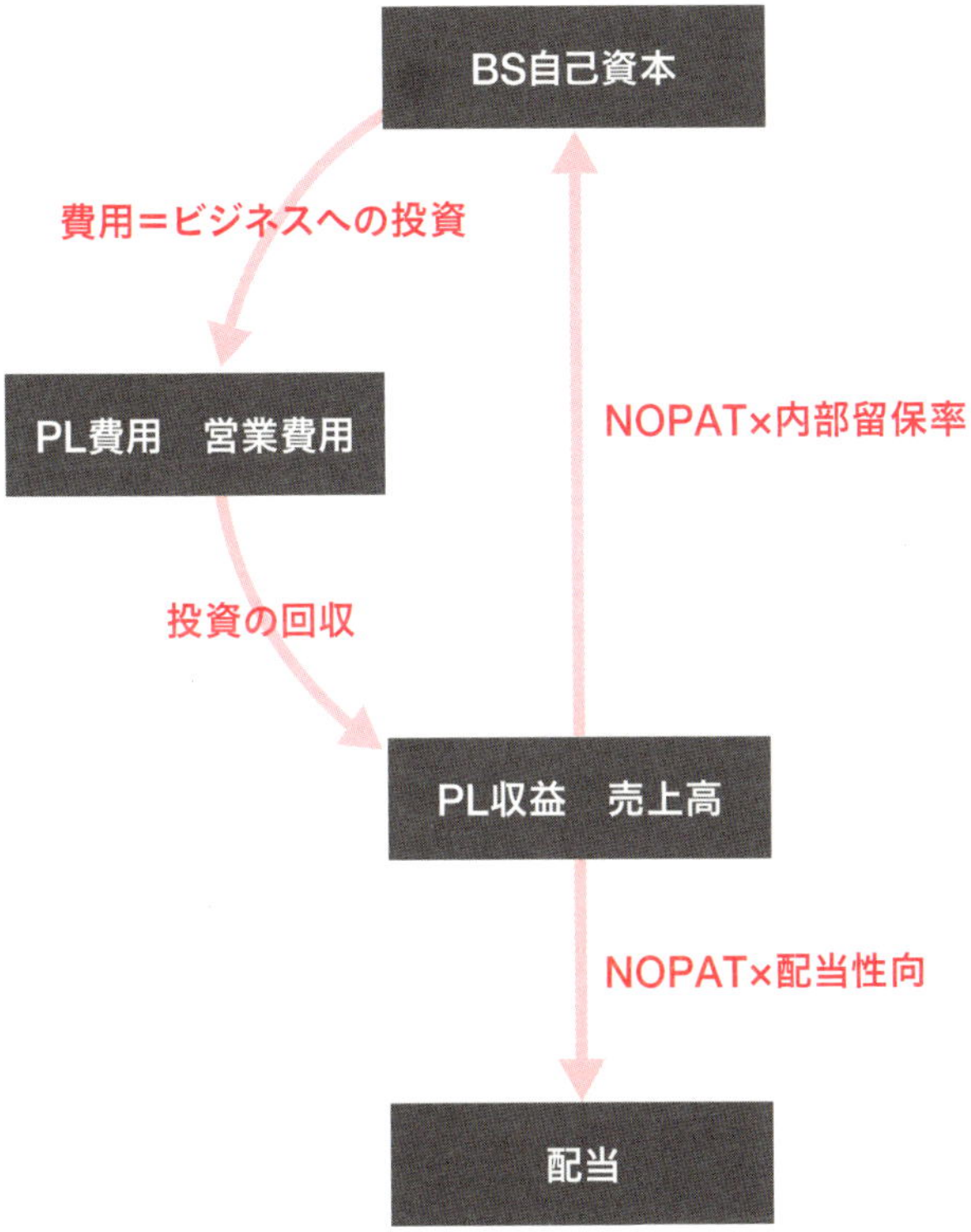

倒産する企業に共通する3つの特徴とは？

企業が成長する過程を見てきたところで、逆の「どういった理由で倒産するのか」についても考えてみましょう。

そもそも、株式投資において、最悪の事態とはなんでしょうか。

現物取引（自分の資金の範囲だけで行う株取引）の場合、最悪の結果は株価が紙切れになること、つまり投資金額が全額なくなることです。

信用取引（自分の資金や株式などを担保にして、証券会社からお金を借りて行う株取引）の場合、最悪の結果は、（金利を無視すれば）株券が紙切れになったときに借金がそのまま残ることです。

100万円の自己資金で100万円を借入れで調達して、トータルで株式を200

万円分買うとき、株価がゼロになれば、損失は200万円です。自己資本が全額なくなるだけではなく、借金が100万円残ってしまいます。

倒産する企業の大半は、次の3つのいずれか（もしくは複数）に当てはまります。

▼自己資本比率が低い。特に自己資本比率20％以下は要注意
▼営業費用売上比率が低い。特に1・05未満、営業利益率で4・8％未満
▼法律の改正の影響を受ける。特に社会的に問題があるビジネスを営んでいる

逆にいえば、**永続的な事業を営み、商品のシェアが高く、財務内容がよく、利益率が高い企業は破綻しません。**

ですから、注意深く投資先を選別することで、企業破綻のリスクは避けることができるのです。

株価を変動させる2つの要素

株価の値動きは、2つの要素で構成されます。

1つめは、「短期的な振動」です。

短期的な振動は、景気の見通しやマーケット環境の変化によって引き起こされます。個別企業の要因というよりは、世界経済の見通しにより引き起こされる振動といえます。

株価はどんな静かな年でも振動しており、**個別株の値段の振れ幅は、年率でプラス側にもマイナス側にも3〜4割程度です。**1000円の株価は、購入後の1年間で600円〜1400円程度で推移すると考えてください。

金融データソリューションズの過去25年間の株価データで私が計算した株価の変動率の振れ幅をお伝えすると、２０１８年については株価の全銘柄の単純平均で30％弱、１９９０年代には40％を超える年もありました。

株価の動きを構成する２つめの要素は「配当の増減」です。

成長企業においては、長期の業績拡大による配当増加が株価の値上がり要因となります。長期的に配当が10倍になれば、およそ株価も10倍になるわけです。

成長株投資では株価の下落は気にならない!?

成長株投資では「株価は上がったり下がったりするのだから、長期で考えると両者で打ち消せる」と考えます。

株価が値上がりする年が２年続いても、急に風向きが変わり、値下がりする年が２年間続いたとすれば、トータルで見ると株価はそれほど動いていないことになります。

つまり、景気の変動を何回も想定し、振動している株価を時間の長さで制御するのが長期投資ということです。

もちろん、相場全体が下がる局面では、どんな成長株でも下がる可能性があります。しかし成長企業の場合、短期的には株価は上下動しながらも、経営努力によって配当は成長（もしくは維持）されるため、配当利回りは高くなります。

したがって、**不況期に再投資を行うことで利回りを上げ、投資回収期間を短縮することができるのです。**

例えば、株価が1000円、配当が40円の企業（利回りは4％）に投資したとして、即座に株価が半値になったとしましょう。

しかし、株価が500円に下落しても、配当40円が維持されるならば、利回りは8％に上昇します。

つまり、投資回収期間は9年弱へと半分に短縮されるのです。

日本企業の配当利回り平均値の推移（金融セクターを除く）

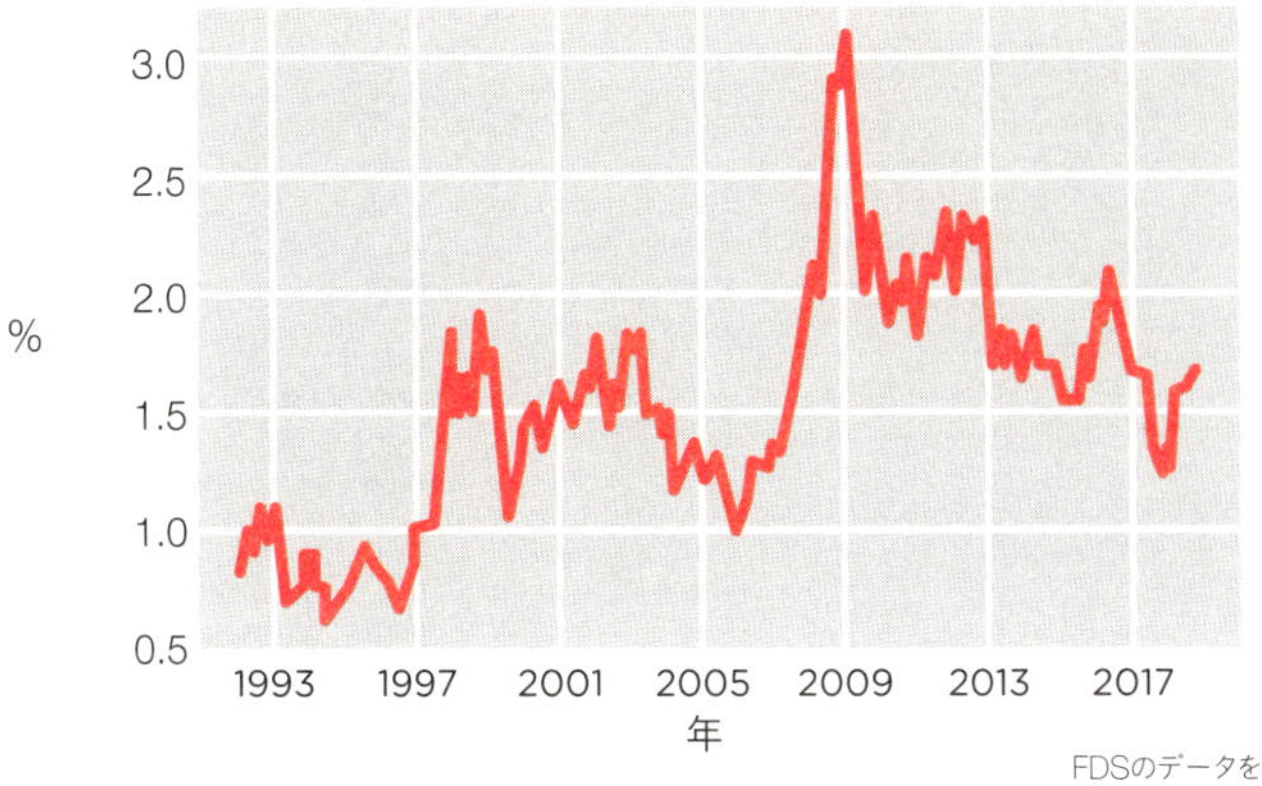

FDSのデータを基に作成

日本の上場企業の平均的な配当利回りは、2018年の単純平均で1・6%程度です。時系列で観察すると、概ね好況時は1・4%程度、不況時には2%を超える水準となります。

ただ、業績は景気動向などの外部要因に左右されますが、配当を払うか払わないか、払うならいくら払うのかを決めるのは経営者です。

したがって、**配当の再投資という考え方を持ち、長期のプランさえあれば、増配企業を保有して再投資するだけで投資はほぼ確実に報われるのです。**

確実と言い切れないのは、投資が将来

を相手にするものである以上、絶対はないからです。「ほぼ確実」とは、本書では統計学的な見地による99％の確率という意味です。

「成長企業」の条件とは

さて、ここからは「成長企業」の条件について見ていきましょう。

成長株とは、以下の2つの条件を満たす企業の株を指します。

①営業費用売上比率（売上÷総費用）が1・15以上であること

※ただし、加工度の低い外食や商社セクターなどは1・1程度でもよい。

※「営業費用」とは、売上から営業利益を引いたもの

②企業の提供する商品やサービスが永続的であること、あるいは、今後の数年間は増収基調が期待できること。

それぞれ詳しく解説していきます。

条件1 「営業費用売上比率が1・15倍以上」

「営業費用売上比率（売上を営業費用で割った値）」は、費用1円あたりの売上を表します。いわば、平均的な単位費用あたりの「商品価格」とみなせるのです。

成長株投資においては、

- ▼企業の提供する商品が儲かる商品であること
- ▼その商品の価格が安定していること
- ▼これから数量が増加する見通しであること

の3つを満たす企業を選ぶことが成功の秘訣です。

「営業費用売上比率」が高いということは、「費用1円あたりの売上も高い」ということなので、儲かる商品であることを意味します。

さらに、「営業費用売上比率」の過去の推移をみれば、単位費用あたりの「商品価格が安定しているかどうか」が確認できます。

つまり、成長株投資で儲けるための3つの条件のうち、「営業費用売上比率」は2つをカバーしています。だからこそ、私は最重要指標と位置づけているのです。

では、最後の「数量の増加」はどう判断すればいいのでしょうか。

これは営業費用の推移を観察することで、企業の供給実績の推移、つまり、数量の推移を観察することができます。

売上は、価格と数量を掛けることで表されます。「営業費用売上比率」と営業費用とを価格と数量に見立て、あわせて売上とみなすことで、企業が提供する商品の価格が下落するリスクや数量の下落リスクを数値化できます。

一般的な企業は、商品の価格と販売数量との相関が負となります。経済学が教えるところの「供給が増えると価格が下がる」という原則です。

ところが、本書の投資対象である成長株については負の相関を持ちません。価格を上げても数量が伸びるという好循環にある例外的な企業だからです。

「営業費用売上比率」が高い企業は、赤字に転落するリスクが小さく、現金を創出する力が高いといえます。いわば、事業としての赤字リスクが低く、リターンが高いのです。

例をあげて説明しましょう。

A社は、営業費用10億円に対して売上20億円という投資効率が高い企業です。高効率の投資を続けて企業規模をどんどん大きくしていくことで、株価の価値を長期にわたり増大させることができます。

一方B社は、営業費用10億円に対して売上は11億円という、いわば投資効率が低い企業です。

ここで、A社とB社の提供する商品がともにこれから普及していくものであると仮定します。

A社は20億円の売上を現金にできるので、今度は10億円ではなく、20億円の営業費用をかけることができます。

すると、「営業費用売上比率」が2倍ですから、次のステップでは40億円売上げることができ、営業利益は20億円に倍増します（税金は考慮していません）。

一方、B社は11億円の売上を次のステップで現金化できます。

すると、その11億円を営業費用として投じることで、「営業費用売上比率」の1・1倍の12・1億円が売上となり、営業利益は1・1億円程度にしかなりません。

A社は利益が100％増益で利益倍増なのに、B社は10％増益に止まるのです。

売上の拡大が見込まれる企業の「営業費用売上比率」は「利益成長率」として考えることができます。「営業費用売上比率」が2であれば利益が2倍、1・1であれば利益が1・1倍の成長ということです。

上場企業の営業費用売上比率の推移

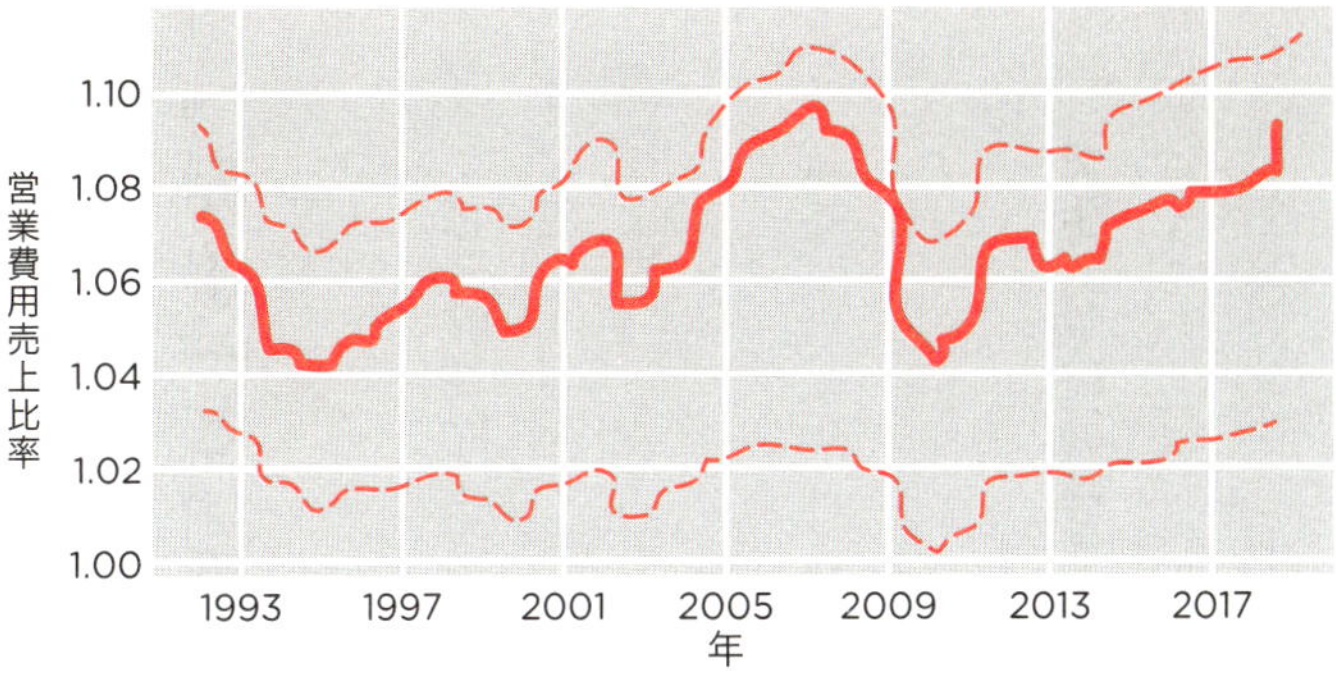

太線が平均、破線は上位と下位の25%

FDSのデータを基に作成

そして、成長株かどうかを見極める場合、**「営業費用売上比率」が平均を上回る1・15倍以上かどうか**が基準となります。

なぜなら、日本の上場企業の「営業費用売上比率」の平均は、1・05〜1・1で（不景気のときには1・05を下回ることがあります）、2018年の市場環境では、530銘柄の「営業費用売上比率」が1・15倍以上となっているからです。これは全体の約15%の割合です。

これ以上条件を厳しくしてしまうと、対象銘柄がなくなってしまうので、全体の2割をパスさせるために1・15にしました。

「赤字」と「減益」は違う

投資家の多くは「減益」をとても嫌うのですが、長期投資の場合、その考え方は正しいとはいえません。景気の山も谷もどちらもしっかりと経験しなければならないからです。「減益は嫌だ」と言っていては、長期投資はできないのです。

そもそも、減益は一定の（＝減配にならない）条件下では、長期投資家にとって必ずしも「悪い」ものではありません。

なぜなら、**減益でも自己資本の額は増え続ける**からです。

自己資本が増えるならば、投資家の持分は増えます。つまり、「自己資本が増えるということは、将来の配当原資が増える」とみなせるのです。

また企業にとっても、減益は必ずしも悪いことではありません。忙しい繁忙期にはできなかった数々の反省ができるからです。働き方や製造ラインを見直したり、戦術を練り直したり、社員に勉強してもらったり、英気を養ってもらったりできる……すなわち、景気の谷が企業を強くするのです。

季節に夏があれば冬もあるように、景気も山あり谷ありです。谷には、谷にしかできないことがたくさんあります。減益は次の増益への種まきと考えることができるのです。

また、それ以上に私が主張したいことは、**「赤字」と「減益」とは全く違うものである、**ということです。

営業費用売上比率が低いと、その企業は赤字に陥る可能性が高くなります。赤字は株価の変動を大きくしますから、短期投資家にはむしろ好ましいものですが、長期の投資家には全く好ましいものではありません。赤字は自己資本の減少を意味するからです。

自己資本が減少していけば、配当原資も乏しくなります。**「減益でも自己資本（配当原資）は増えるが、赤字では自己資本（配当原資）は減る」**と覚えてください。

減益でも減配にならない企業を選べば、投資リスクは極端に減ります。長期の投資で勝つということは失敗を減らすことであり、減配を避けることでもあるのです。

赤字に「よい赤字」はありません。しかし、減益には「よい減益」と「悪い減益」があるのです。減配がない減益を「よい減益」、減配を伴う減益を「悪い減益」とします。

減配がない企業とは、財務内容がよい企業、キャッシュリッチの企業、そして、投資効率の高い企業などです。つまり、「営業費用売上比率が高い企業」ということに帰結するのです。

営業費用売上比率の「トレンド」とは？

私が最重視した指標である営業費用売上比率は、高さだけではなく、「トレンド」も重要です。

トレンドは営業費用売上比率を時系列で複数年にわたって並べることで調べること

ができます。
まず前提として、比率の変化の平均をとり、プラスであることが好ましいといえます。例えば、1・10が1・15、1・20と上昇する場合、平均してプラス5％年比率が改善しています。このように変化の平均がプラスのとき、これをよいトレンドと判別するのです。

比率がよいトレンドにあるとき、つまり、プラスの変化がじわりと続いているとき、長期投資は成功する公算が高いといえます。

営業費用売上比率がプラスに変化する場合、「付加価値の高い商品の比率が増えている」、あるいは「全般に商品の値上げがある」などの背景があることが多いのです。逆に、マイナスに変化する場合、「付加価値の高い商品の比率が下がっている」、あるいは「商品全般の値段が下がっている」など、投資家にとって好ましくない背景が想定されます。

ちなみに私の場合、指指標の変化がプラスのトレンドの企業を見つけては、片っ端から訪問取材を行うというボトムアップのやり方で投資成績を確保してきました。

シェアが高く、価格を高く設定しているか

一般に、市場シェア（占有率）が高い企業には価格支配力が備わるため、営業費用売上比率が高くなる傾向があります。

例えば、飛行機代金が時期によって違うのは、航空会社が差別化できないからです。需要のないときは、チケットを格安で販売しなければ経営が成り立ちません。

一方、山手線の運賃は、毎日変動しません。変動しないばかりか、年月とともに上昇しています。

JR東日本によれば、例えば、昭和22年に1円であった新橋～品川間の運賃は段階的に上昇し、昭和41年に20円、昭和54年に100円となりました。

さらに、平成26年には130円から140円（ICカード133円）に値上げしま

した。この30年のデフレの平成の時代に一度も運賃は下がることがなく、むしろ上がる一方です。

これは、山手線がライバルを持たないからです。山手線の横に同じような線路を引くことはどんな鉄道会社でもできません。

このように、シェアが高く競争がないため、価格が高く設定できる企業が「営業費用売上比率」の割合を高くしているわけです。

条件❷ A「提供する商品やサービスが永続的である」あるいはB「今後、数年間は増収基調が期待できる」

Aの「提供する商品やサービスが永続的である」こととは、言い換えれば**「20年後も存在すると言い切れる商品やサービスか」**ということです。

例えば、ディズニーランドや東京の丸の内のオフィスビルは20年後も存在するでしょう。曖昧な判断ではなく、これは絶対に残るだろうと確信できるものを指します。

永続的に存在する商品やサービスというのは、いわば〝永遠に金の卵を産み続けるニワトリ〟のようなもの。投資家は毎年の配当を半永久的に積み上げることができます。たとえ売上が横ばいであっても、利益率が高い会社が永続するならば、投資家の得るリターンは膨大になります。

Bの「今後、数年間は増収基調が期待できる」こととは、**「今後普及していく商品・サービスを展開している企業」**と言い換えられます。

例えば、電気自動車や省人化に役立つロボットを開発している企業は増収基調が期待できるでしょう。

もしくは、関西で成功した飲食店が関東圏にはまだ出店していないとき、今後、関東に出店する計画があれば、この企業も条件に当てはまります。

ほかにも、新しい部品が新規に採用されるならば、その部品を提供している会社は増収が期待できます。

またBのケースで企業に増収を求める場合、**「経営者」**が成長の意欲を持っているかどうかも大切なチェックポイントです。

長期で見たときに、売上を大きく伸ばす商品が存在します。

例えば、トヨタ自動車（７２０３）の車は１９５０～１９８０年までの30年間で販売台数を８００倍以上に伸ばしました。

これは自然にそうなったわけではなく、経営者が意志をもって雇用や設備を拡大し、世界中の潜在的な車の需要に応じることを決断したからです。

仮に経営者がリスクを取らず、海外拠点を整備せず、生産能力を拡大しなければ、今のトヨタはなかったでしょう。

短期の黒字にあくせくしている経営者にとって、再投資は無理な話です。社会の潜在的なニーズを信じ、潜在的な顧客がいることを信じ、企業規模の拡大を決断しなければなりません。

成長への意欲を成果に変えるためには、先行的な投資（人の採用、設備の拡充）が必要です。組織を高い目標のもとに結集させ、社員のベクトルを合わせなければなりません。社員数を増やす決断、設備投資をする決断、これが経営者の重要な仕事なわけです。

「見えない需要を見る」ことの重要性

長期で運用する投資家にとって、**「見えないものを信じる」**ことは成功に不可欠な要素です。

例えば、隣国の中国の大気汚染はとてもひどいですが、ある経営者が煤煙《ばいえん》の出ないボイラーを発明したとします。大気汚染をなんとかしたいという世界のニーズは膨大ですから、それに応じることができる企業であれば業績を大きく伸ばすと予測できるでしょう。

ダイキン工業（6367）という企業がありますが、この企業を単なるエアコンのメーカーと見るのが、供給側しか見えない投資家です。潜在需要を見る投資家は、同社を「空気で物事を解決しようとする当事者」とみなします。

若い夫婦の家のリビングに赤ん坊が寝ている。夫婦は赤ん坊にとっての最適な空気、つまり、温度、湿度、風向きなどを願うでしょう。ならば、赤ん坊のそのときの状態に合わせて空気自体を変えるということをダイキンなら考えるでしょう。

同じように、パーク24（4666）が駐車場を運営する会社と見るのが単なる供給側しか見えない投資家です。

そうではなく、狭い土地をなんとか有効活用しようとビジネスアイデアを絶えず練っている当事者たちとみなすのが、潜在需要が見える投資家です。そうでなければ、カーシェアリングなどの新規需要はつかめなかったでしょう。

ほかの例でも考えてみましょう。

都内では老巧化したビルが壊され、建て替えが頻繁です。50年前に建てられた5階建てのビルをいま建て替えると10階建てにできるとしましょう。50年で2倍の高さにビルは変貌するとする。これは年率2％の高さの上昇率になります。

つまり、「ガラスやコンクリートという建設資材の都市部における成長率は建て替えによって喚起される。年率換算で2％の成長率はあるだろう」とみなすことができるのです。

これが潜在的な需要が見える投資家の態度です。経営者が潜在的な需要を信じていれば、人を増やしたり、設備への投資を行ったりすることができます。

そして、投資家も長期でその増強計画への投資判断を下すことができるのです。

本章では、成長株投資の概略と成長企業の定義を中心に解説してきました。

いよいよ第1章では、成長株の具体的な見つけ方を紹介します。

第1章

本邦初公開！99％勝てる株が見つかる11のシンプル計算

ここからは、序章で紹介した成長株の2つの条件を満たす銘柄を見つけるための計算方法を5ステップで紹介します。

ただ、5ステップを満たす銘柄であっても、現状の株価が将来の成長に比べて高すぎる可能性があります。そこで次の段階として、**「現在の株価が割安かどうか見極める」**ための6つの計算をします。つまり、計11の計算で「現在割安な成長株を見つけられる」ということです。

これらの計算は、私がトップファンドマネジャーとして長年実践してきたメソッドを体系化したものです。

本書の執筆以前、私はこの計算を「多段階配当モデル（2段階モデル）」という数学の知識を使った独自の手法で行っていました。

しかし、編集担当者から「数学が苦手な初心者でもできるようにしてほしい」という要望を受け、試行錯誤した結果、さまざまな工夫を凝らすことにより、複雑な計算をしなくとも紹介することが可能となりました。「多段階配当モデル」の簡略化に成功したのは、日本で初といえるでしょう。

11あるといっても、難しい計算は必要ありません。一つひとつ見ていきましょう。

まずは、次ページで成長株を見つける5ステップの概略を紹介します。

成長株を見つける5ステップ

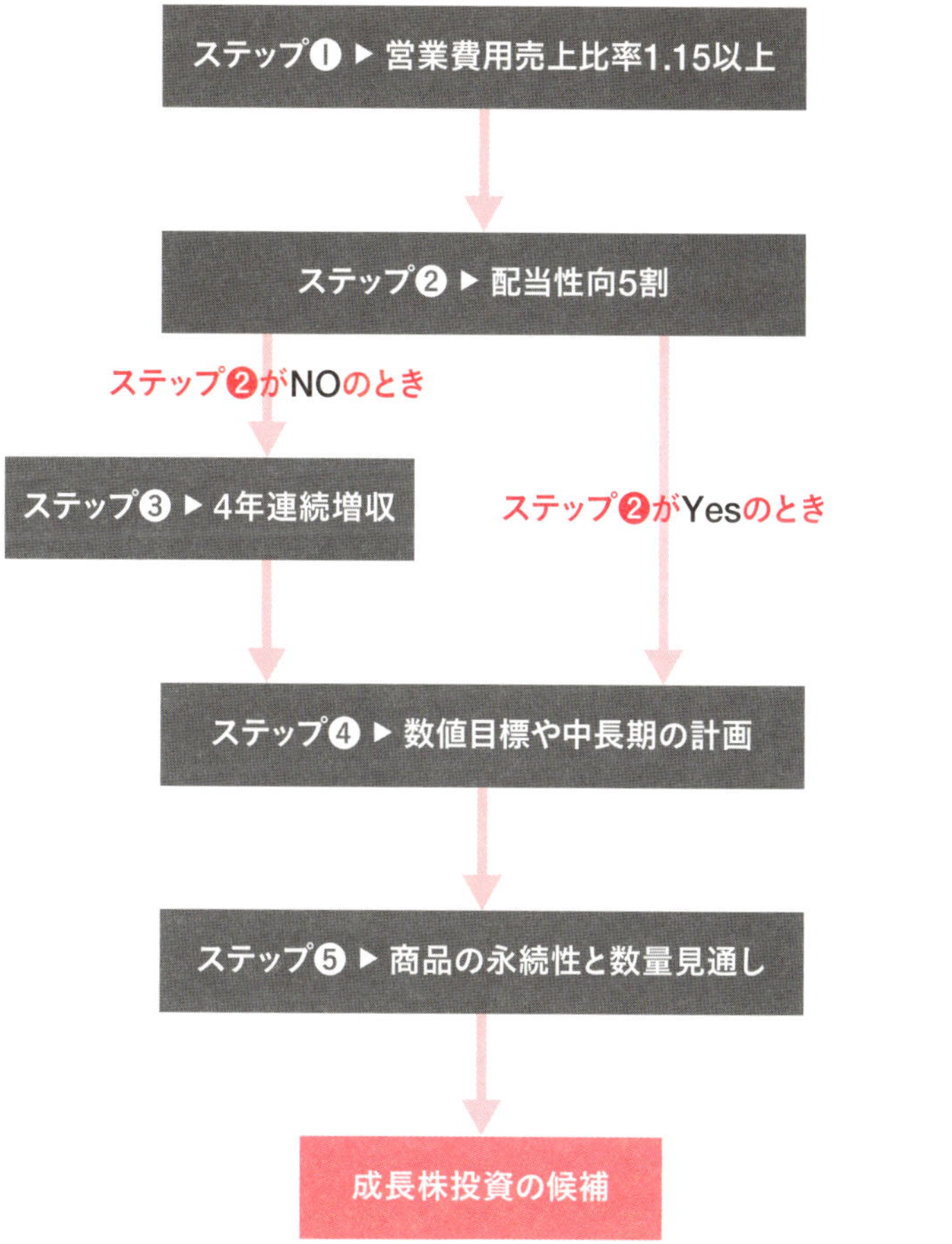

ステップ①

「営業費用売上比率が1・15以上」か？

最初のステップは、成長株の第1条件を満たすかどうかのチェックです。これは49ページのおさらいになります。売上÷総費用（売上－営業費用）が1・15倍以上かどうか確認しましょう。ただし、業界全体が低収益率の場合、例えば、食品、外食、陸運、卸売や商社などでは利益率が1桁前半のため、例外的に1・1倍程度でも合格になります。

ステップ①は、**配当維持がほぼ確実に期待できる銘柄だけを残すための条件**です。しかし、景気変動によって売上が大きく変動する機械株や半導体製造装置株は、単年度でこの条件をクリアしても、翌年には赤字になってしまうことがあるので注意が必要です。

ちなみに、利益率の高い企業は20年経とうが依然として高収益のままです。低収益企業は何年経とうが低い収益のままです。

1992年当時の高収益群と低収益群のその後の推移

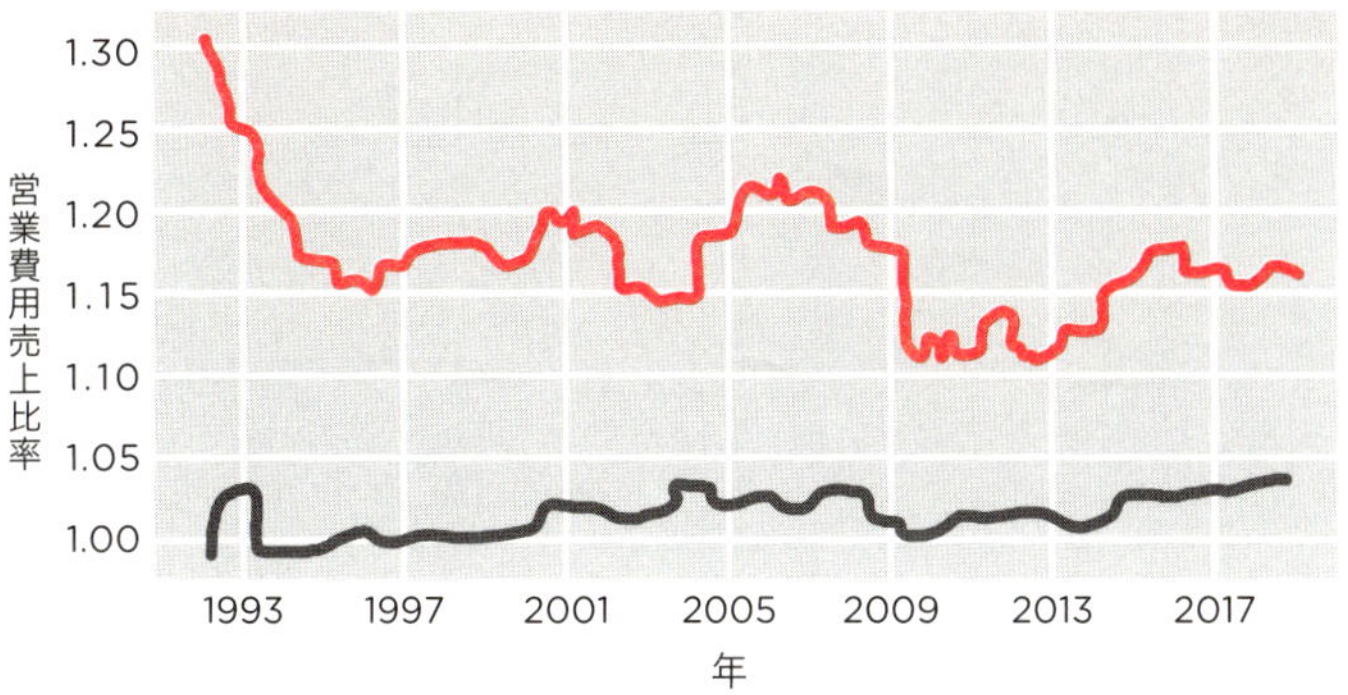

FDSのデータを基に作成

上のグラフは、1992年当時の高収益率銘柄の上位142社と下位171社を固定し、その後の営業費用売上比率の推移を示したものです。この傾向は1992年だけではなく、1993年を基準にしても、その後のすべての年を基準にしても同じ結果となります。

その理由は、簡単です。低収益企業は、事業環境が厳しく多数の企業が競争を繰り広げるとき、長期的にその競争を緩和するための手段がないからです。

一方で、高収益企業の事業環境は、ライバルが少ないため良好です。少ないライバルのなかでは競争を激化させない意識が働くからです。

ステップ❷

「配当性向が5割以上」か？

次は、ステップ①をクリアした企業（＝高収益企業）のなかから、配当性向を見ましょう。これによって**「規模の拡大を追わず、利益の半分以上を配当に出す企業」**を選ぶことができます。

配当性向は、一株配当をEPS（一株当たりの利益）で割ることで算出できます。合格ラインは「5割以上」です。

次ページの表は、配当性向5割以上の銘柄の一例です。配当は経営者の意思で決まるものであり、三越伊勢丹ホールディングス（3099）のように赤字であっても配当を出すケースや、日本KFCホールディングス（9873）のように期間利益のEPSを超えて出すケースもあります。

配当性向5割以上の銘柄の一例

銘柄	EPS（一株当たりの利益）	一株配当	配当性向
国際石油開発帝石（1605）	27.6	18	65%
ぐるなび（2440）	68.3	44	64%
ローソン（2651）	268.2	255	95%
大戸屋ホールディングス（2705）	28.4	25	88%
エフティグループ（2763）	83.8	42	50%
三越伊勢丹ホールディングス（3099）	赤字	12	---
ワコールホールディングス（3591）	143.5	72	50%
ヤマトホールディングス（9064）	46.2	27	58%
ベネッセホールディングス（9783）	128.8	95	74%
日本KFCホールディングス（9873）	25.8	50	194%

2018年10月時点での直近の決算より

ステップ②の条件を満たしている場合、ステップ③ではなく、ステップ④に進んでください。

ちなみに、配当性向を考える場合、**ROE**（株主資本利益率）という指標が重要です。これは「期間利益÷株主資本」で算出できます。

ROEに配当性向をかけると、**自己資本還元率**（自己資本に対する配当の割合）が出ます。また、ROEに内部留保率（1－配当性向）を掛けることで、**自己資本の年間の増加率が算出できます。**

利益をすべて内部留保した場合は、ROEの分だけ自己資本が増加します。自己資本が大きくなればなるほど、PBR（時価総額を自己資本で割った数字）は低下します。PBRが維持できるならば、株価の年間の上昇率、つまり、年間のキャピタルゲインの想定をROEと置くことができるのです。

売上成長が可能な企業（A社）を例に考えてみましょう。

ROEの高さと見通しが投資結果を左右する

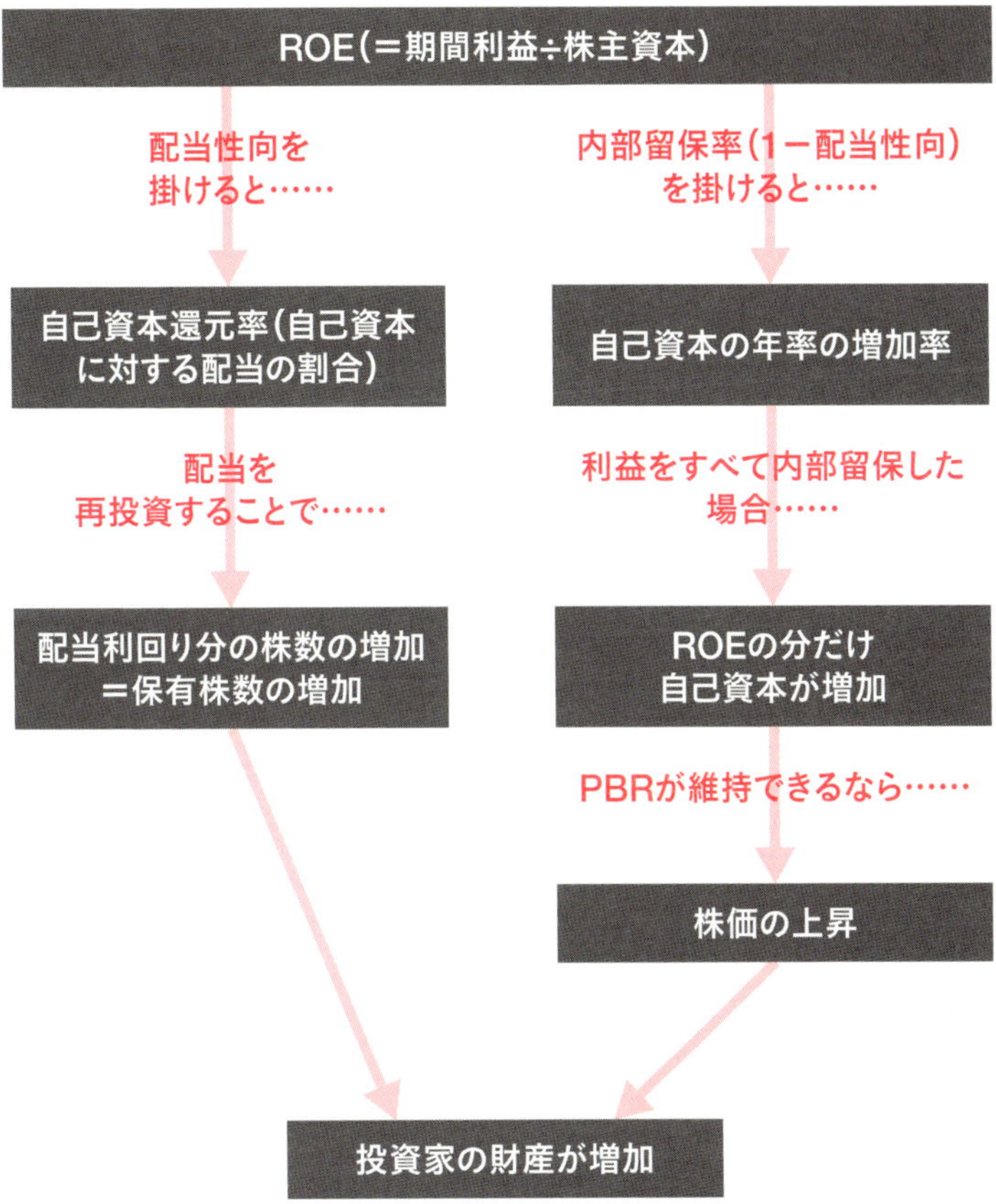

Ａ社のＲＯＥは30％、配当性向が５割で、10年間この数値を維持できるものと想定します。この場合、自己資本は15％ずつ毎年増えることを示唆します。また、それを10年継続すれば、自己資本は１・15を10回掛け合わせた分だけ増えることになります。つまり、現状の４倍となります。株価が変わらなければＰＢＲは現状の４分の１に低下するのです。

一方で、配当は企業収益の拡大とともに増えていきます。Ａ社の場合、株主資本の30％が利益になるので、株主資本が４倍になれば、利益も４倍になります。

配当が４倍になるということは、配当利回りが現状と変わらないのであれば、株価も４倍となることを意味します。

このように、**ＲＯＥの高さとその見通しが投資のリターンの大きさに直結します。**事業が永続的で安定している場合や事業そのものが成長過程にあり、ライバルが見当たらない場合などには、高いＲＯＥが相当の長い期間、例えば10年、20年と維持されるのではないかと想定することができるのです。

だからこそ、多くのファンドマネジャーが株式投資の期待利回りをＰＥＲの逆数である益利回りとして考えているなか、私は、利益を全額内部留保し、高いＲＯＥが長期にわたり維持されると見込まれる場合に限り、益利回りの代わりにＲＯＥそのものを株式投資の期待収益率とみなしているのです。

説明が難しくなりましたが、「すべての大本はＲＯＥである」ということを覚えておいてください。**ＲＯＥの高さとその維持は、長期では株価の上昇をもたらすのです。**

ステップ❸ 「直近４年連続で増収」か？

ステップ①の基準をクリアしたものの、ステップ②をクリアできなかった企業が対象になります。

ステップ③の基準は**「過去の売上（増収率）」**です。

増収率は「ある年の売上÷その前年の売上」で導き出せます。その値が１より大きいときは「増収」、１より小さいときは「減収」になります。

選んだ企業の直近5年の売上データがあれば、4つの増収率が出せます。

このとき、**4つすべてが（つまり4年連続で）増収であれば、ステップ③はクリア**となります。過去の実績が将来の見通しを保証するとは限らないのですが、過去に増収を継続した組織は今度も同様であろうと想定できるからです。

私たちは、過去の実績から将来を予想します。

例えば、「ジュニアの大会で優勝したスポーツ選手の中から、将来シニアの大会でも優勝する選手が現れる」と考えるのは自然です。大学を首席で卒業した人なら、企業に入っても努力を継続して成果を出す可能性は高いでしょう。

同じように、「直近4年すべてが増収」ということは、企業として努力をした結果です。景気状況や事業環境がよかっただけとも考えられますが、少なくとも経営的に致命傷となるミスをしていないといえます。高収益かつ増収を続けることの意味は大きいのです。

膨大な需要があるにもかかわらず、供給が圧倒的に足りないことがあります。その場合、企業が供給能力を増やした分だけ増収となります。膨大な需要と圧倒的に低い供給を背景に、企業は着実に増収を続けることができるでしょう。
逆に、連続して増収を達成する企業は、膨大な需要と限られた供給という特殊な状況に置かれている場合があるのです。

また、**増収を続ける企業は、減収と増収を繰り返す企業よりも、増収率の変動も小さい傾向があります。**

例えば、「10％増収、20％増収、30％増収」と3年間の増収率がすべてプラスの企業の場合、この間の平均増収率は20％ですから、平均と各年の増収率のブレは上下10％以内です。

ところが、同じ平均を持つ20％増収率の企業であっても、「10％増収、10％減収、60％増収」の場合、平均と各年との乖離は大きくなります。最後の年の増収率60％と平均20％では40％ものブレになります。

増収率の変動の大きな企業としては景気循環に影響を受けるものがあります。
例えば、半導体の製造装置メーカーの大手・東京エレクトロン（８０３５）は、増収率はある年には大きなプラスとなりますが、一方で、大きなマイナスになる場合も

東京エレクトロン（8035）の増収率の推移

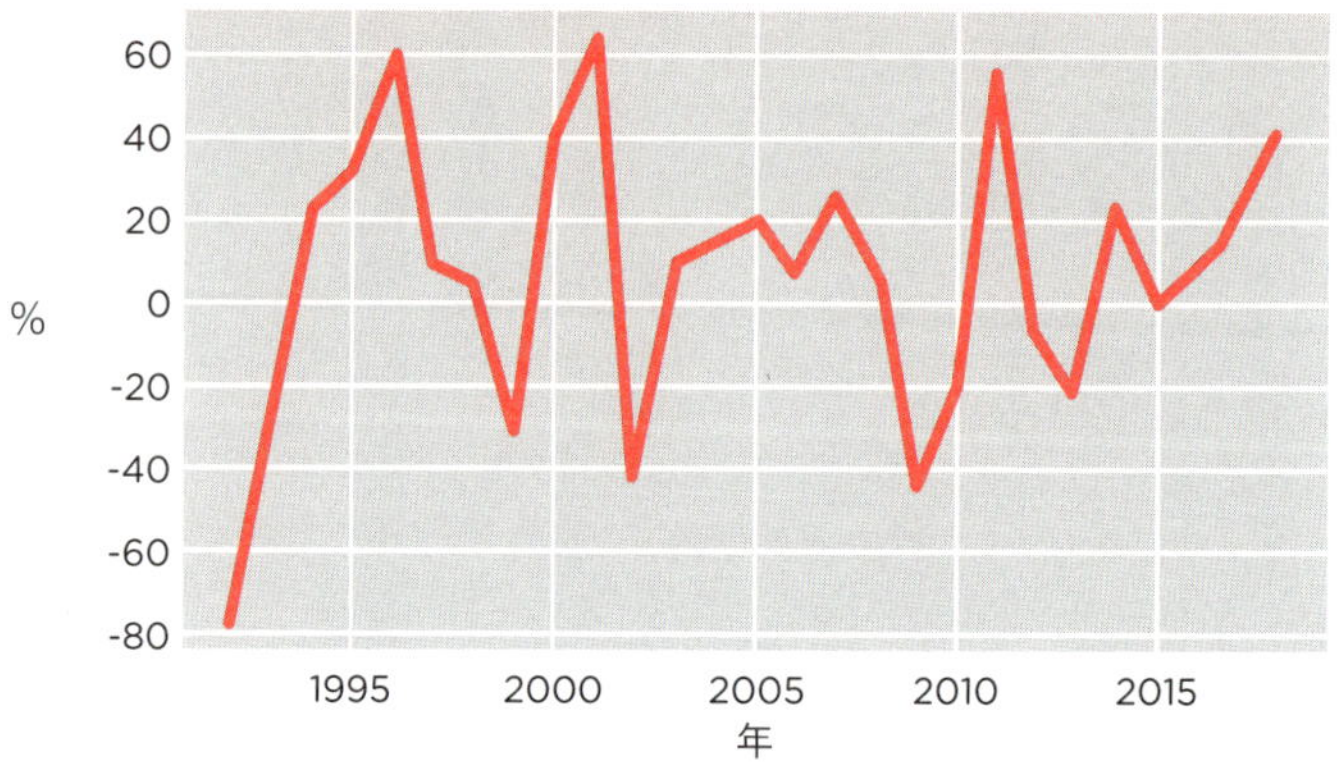

FDSのデータを基に作成

あるので業績の変動が大きな企業です。

増収率の数字が大きく変動する企業は、増収であっても業績が不安定です。「4年連続で増収になっている」という基準は、業績のばらつきを抑えるための条件でもあるのです。

一方で、業績の変動の小さな企業もあります。

例えば、ＪＲ東日本の増収率の推移は1桁のプラスかマイナスで推移していますす。不景気でも好景気でも人々は電車に乗るので業績のブレが小さいのです。

どんな不景気であっても、伸びる企業はたくさんあります。ですので、全体のマクロ環境に一喜一憂せず、個別の企業

JR東日本（9020）の増収率の推移

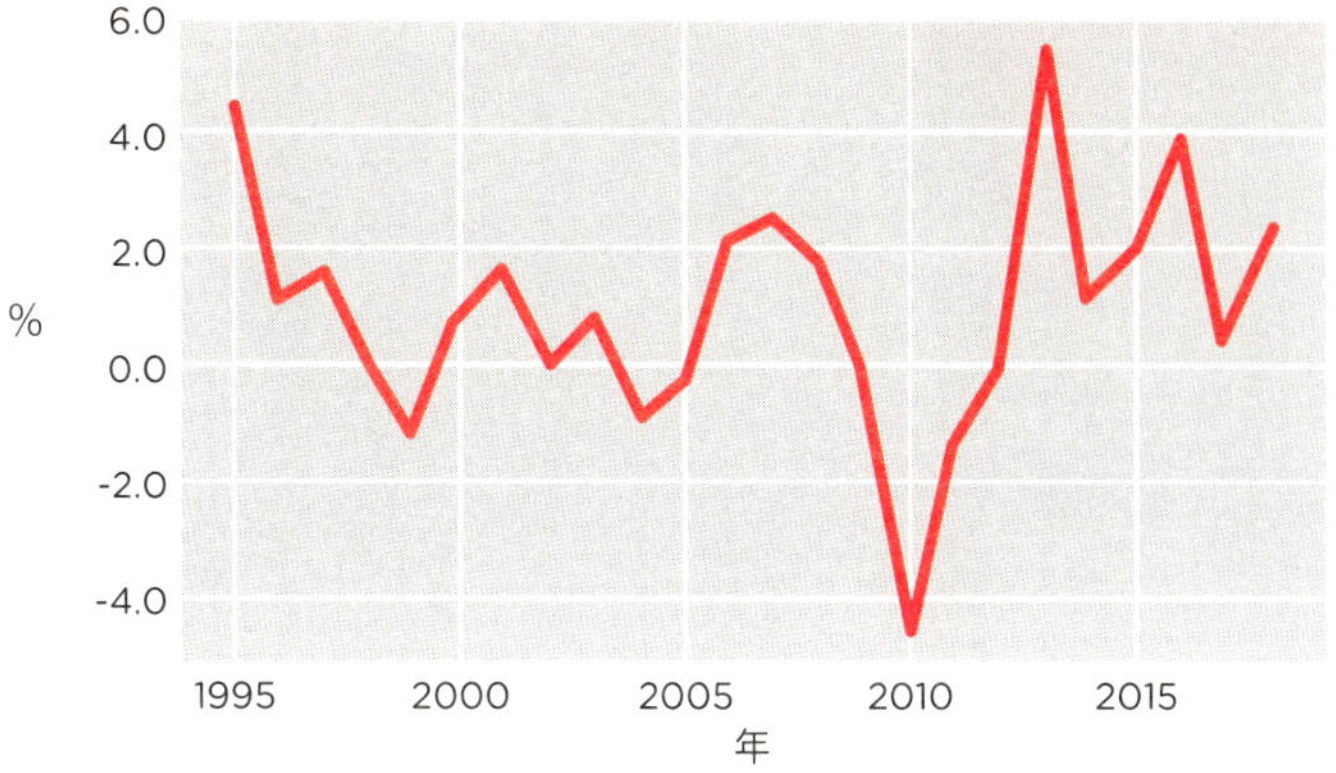

FDSのデータを基に作成

メルカリ（4385）の目論見書

	連結会計年度				第３四半期連結累計期間	
	平成26年６月期（注）1	平成27年６月期	平成28年６月期	平成20年６月期	平成29年６月期 第３四半期	平成30年６月期 第３四半期
	（未監査）				（単位：百万円、補足情報を除く）	
主要な損益情報：						
売上高	−	4,237	12,256	22,071	15,202	26,147
売上原価	−	336	786	2,720	1,742	4,560
売上総利益	−	3,901	11,470	19,350	13,460	21,587
販売費及び一般管理費（注）3	1,368	6,157	11,513	22,126	14,026	23,483
営業利益（△は損失）	△1,368	△2,255	△42	△2,775	△566	△1,896
その他の収益（△は費用）−純額	△4	△10	△54	△250	△240	△249
法人税等合計	1	4	250	1,180	1,560	1,289
当期純利益（△は損失）	△1,374	△2,271	△348	△4,207	△2,366	△3,434

に着目する姿勢を持つことが大切です。

なお、**上場したばかりの企業で過去の売上データが揃わない場合、「過去、減収ではなかったか」を確認しましょう。**

上場する場合、最低3年間のデータの開示が目論見書に記載されています。

2018年の大型新規上場はメルカリ（4385）だと思いますが、同社の目論見書には過去3年間の決算数字が載せてあります（前ページ下図）。

3年間の数字があれば、少なくとも2年間の増収率が算出できます。増収基調であるかどうかをチェックすればよいでしょう。

ステップ④ 経営の数値目標や中長期の計画が発表されているか？

ステップ②もしくはステップ③を通過した企業が対象です。

次にチェックすべきなのは、**「中期経営計画の有無」**です。

高い目標を掲げ、その目標に向かっていくことが会社を成長させます。その目標は「中期経営計画」として反映されるのが通常です。

上場企業において、外部に公表する中期経営計画は重要です。中期経営計画が公表されていないと、「数値目標を放棄しているから意欲的な企業ではない」と投資家にみなされてしまうからです。

そのため、中期経営計画の有無をチェックポイントにします。

中期経営計画が発表されている企業については、この時点で合格です。最後のステップ⑤に進んでください。

では、中期経営計画がなかったら不合格かというと、そんなこともありません。

対象企業のホームページを確認し、以下の情報があるか確認してください。

▼社長インタビューや株主通信

▼企業の決算説明会の資料や動画

このように、経営の数値目標がある場合はステップ④を満たすとします。プレスリリースなどで発表がない場合でも、株主通信やホームページなどに経営数値目標が書かれているケースがあります。

あるいは、決算説明会資料のなかに、目標や明確な事業戦略が記載されている場合にもステップ④はクリアとなります。

例えば、中古車ローンを斡旋するプレミアグループ（７１９９）の説明会資料には成長戦略が描かれています（次ページ上図）。現在の主力事業に加えて非主流事業を大きく育てていく方針ですが、その比率を将来的には50％以上にしていく、と明言しています。

このように説明会資料の中に、将来像を数値で語っている場合は基準を満たすとするのです。

また、居酒屋・寿司屋を展開するヨシックス（３２２１）は現状の店舗数の10倍にあたる３０００店舗の出店を将来目標としています。これはＩＲの決算説明会資料に

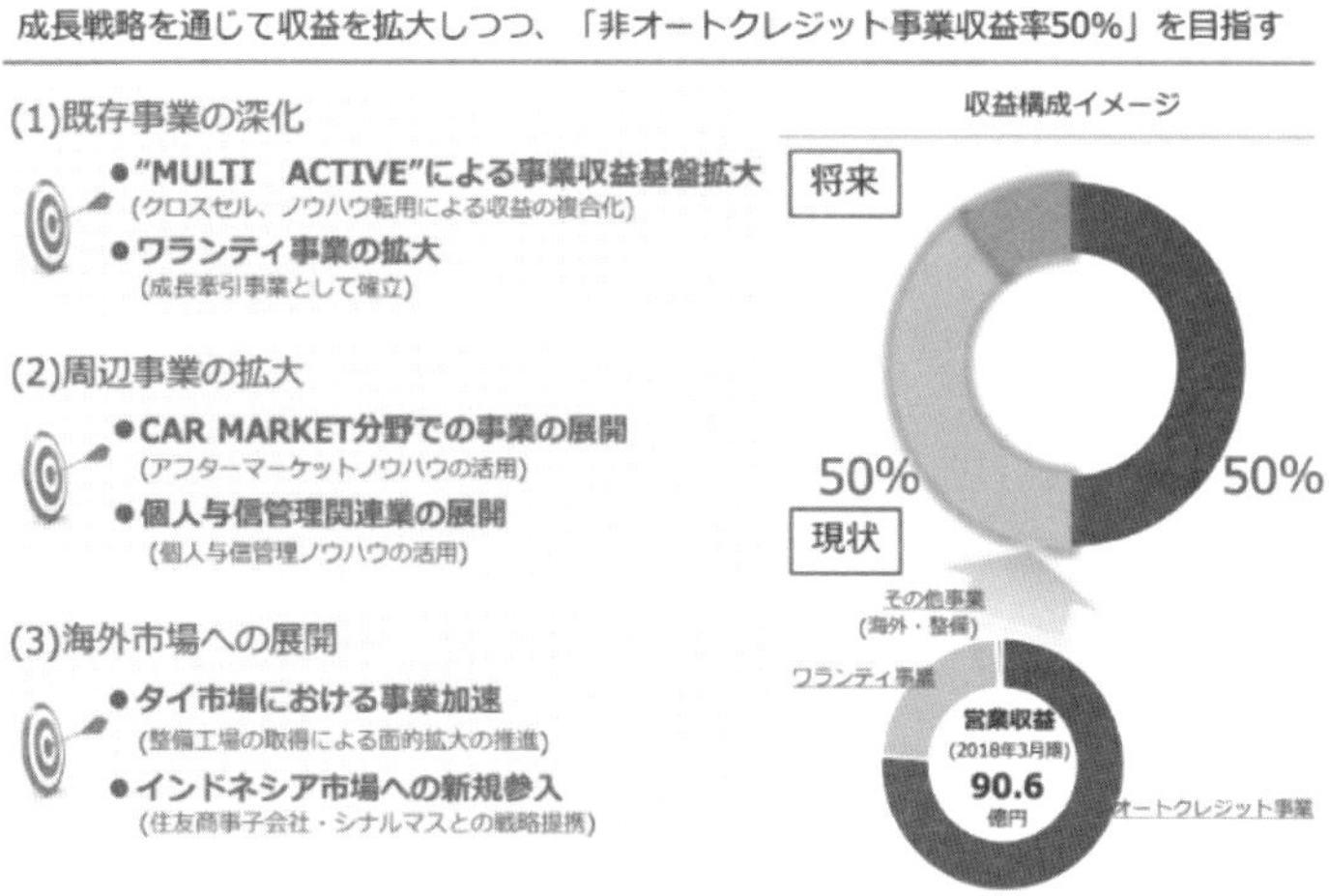
成長戦略を通じて収益を拡大しつつ、「非オートクレジット事業収益率50%」を目指す
(1)既存事業の深化
●"MULTI　ACTIVE"による事業収益基盤拡大
(クロスセル、ノウハウ転用による収益の複合化)
●ワランティ事業の拡大
(成長牽引事業として確立)
(2)周辺事業の拡大
●CAR MARKET分野での事業の展開
(アフターマーケットノウハウの活用)
●個人与信管理関連業の展開
(個人与信管理ノウハウの活用)
(3)海外市場への展開
●タイ市場における事業加速
(整備工場の取得による面的拡大の推進)
●インドネシア市場への新規参入
(住友商事子会社・シナルマスとの戦略提携)
収益構成イメージ
将来
50%
50%
現状
その他事業
(海外・整備)
ワランティ事業
営業収益
(2018年3月期)
90.6
億円
オートクレジット事業

プレミアグループ HP より

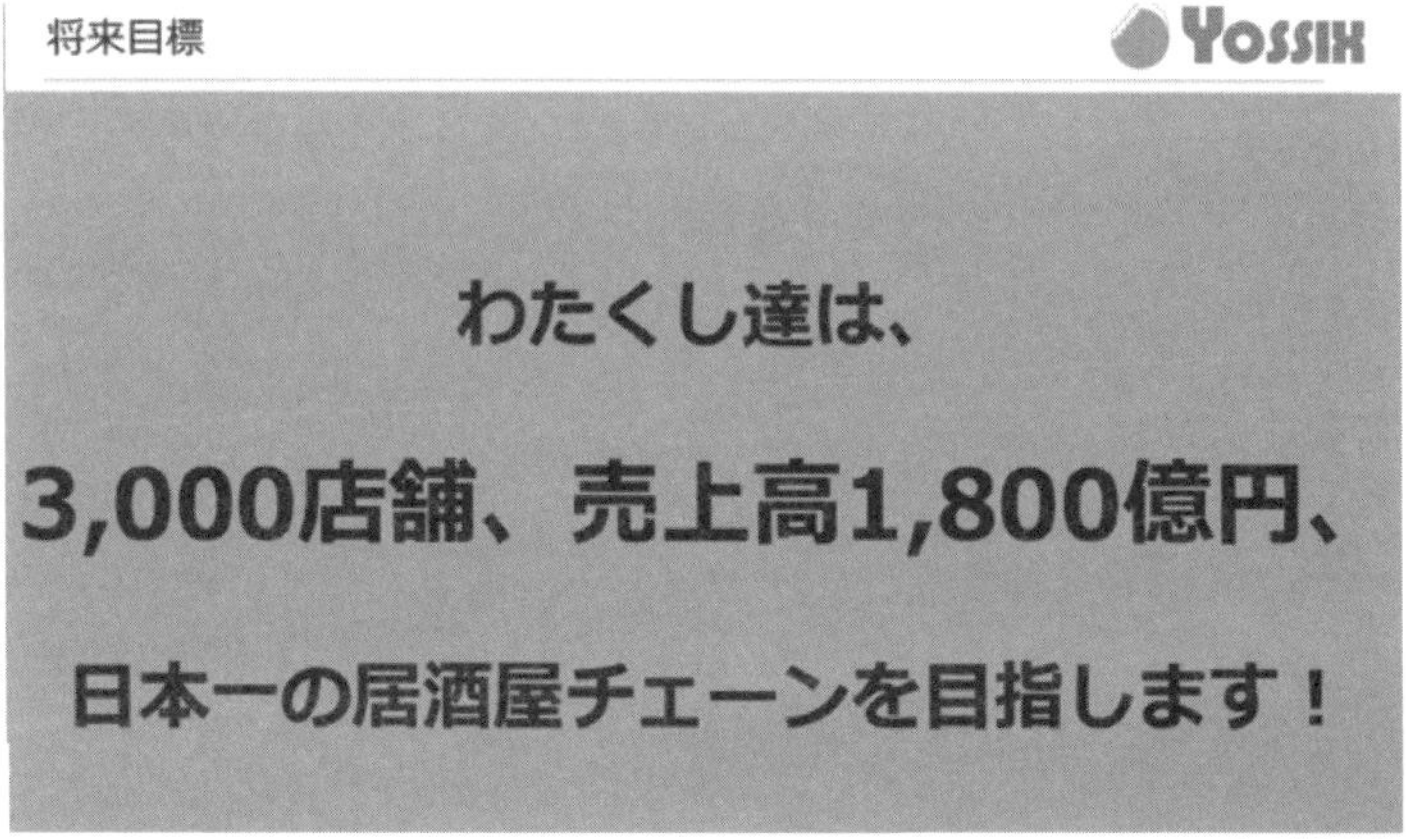
将来目標
YOSSIX
わたくし達は、
3,000店舗、売上高1,800億円、
日本一の居酒屋チェーンを目指します！

ヨシックス HP より

記載があります（前ページ下図）。

競合への情報漏洩を防ぐために、情報開示に消極的な企業も多いのが実情です。そのような企業は、決算短信や有価証券報告書ぐらいしかIR資料がなく、説明会資料もないというケースがあります。

IRに積極的でないと、投資家としての業績のチェックも困難になります。残念ですが、このステップ④で多くの企業が脱落することになるでしょう。

ステップ⑤ 「永続性」と「数量見通し」で商品を評価

最終ステップは、2つの観点からチェックしていきます。

まずは**「商品の永続性」**です。

対象企業の提供する商品が20年後もありそうか考えてみてください。

山手線や新幹線は20年後もあるでしょう。ディズニーランドはあるでしょう。コーヒーもあるでしょう。半導体もあるでしょう。段ボール箱はどうでしょうか。やはり、あるのではないでしょうか。あるいはサービスはどうでしょうか。ピアノ教師の仕事はなくなっているでしょうか。いやいやまだあるでしょう。

このように、対象企業の提供する商品やサービスを考えていき、20年以上存続していると思えるなら、ステップ⑤は合格となります。

次の目安は**「商品の数量の見通し」**です。

今後、普及していく商品であれば、このステップは通過とします。「いまよりも将来のほうがもっと売れる」かどうかを判断してください。

例えば、電気自動車に関する部品、家庭用ロボットに関する部品はこの条件にあてはまるでしょう。

これで、上場企業のなかから、高収益（ステップ①）で、配当を多く出す企業（ステップ②）か増収継続企業（ステップ③）が残り、しっかりと計画を外部に公表する企業（ステップ④）が残りました。そして、商品の先行きが明るい企業がステップ⑤

で選ばれました。

これらの5つのステップを通過した企業を成長株投資の候補とします。

次の段階として、そのなかから株価が割安な企業を探します。

株価が割安かどうか見極めるためのツールを**「バリュエーション」**（企業価値の評価）といいます。

バリュエーションにおける算出手順は、次ページの①から⑥まであります。

手順1 営業利益の6割（NOPAT）を計算する

まず、最新の営業利益の値に0・6を掛けたものを出します。

日本の法人税率がほぼ利益の4割ですので、「NOPAT（税引後営業利益）」を算出するわけです。

NOPATは、最終利益である「純利益」よりも投資家にとって参考になる数値で

株価が割安かどうか見極めるための6つの手順

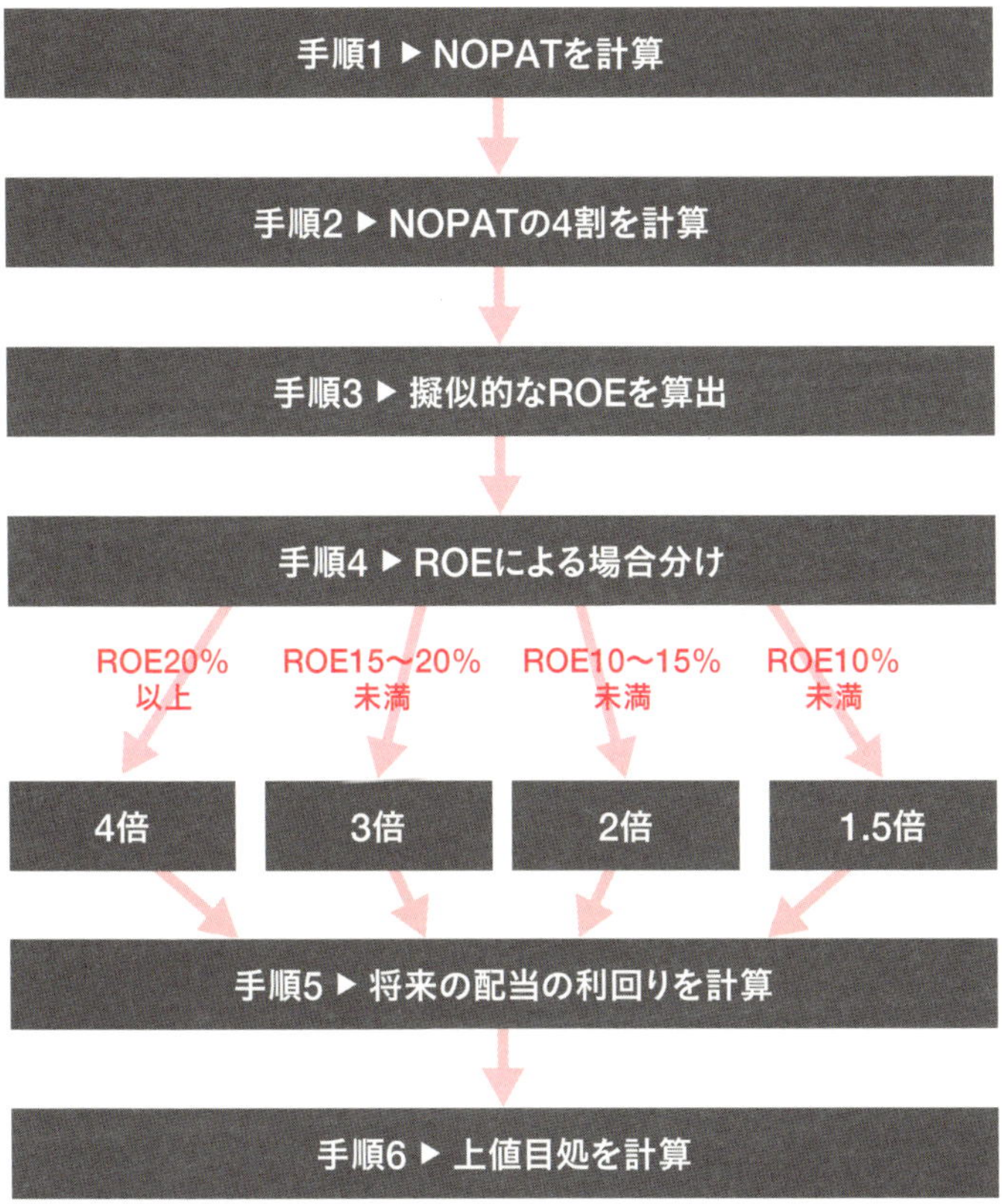

す。

なぜなら、最終利益には一時的な利益（為替差益）や損失（リストラ費用）などが反映されるので、長期投資ではノイズになってしまうからです。

手順②
擬似配当総額を税引後営業利益の4割で計算する

税引後営業利益の4割の値を導き出すことで、擬似的な配当総額を算出できます（前にもお伝えしたとおり、日本の配当性向の平均は3割ですが、将来的には増配圧力が高まり、4割程度が配当性向のスタンダードになると考えられるため、4割で計算します）。

手順①と組み合わせて考えると、営業利益に0・24（＝0・6×0・4）を掛ける、つまり**営業利益の4分の1が、おおまかな配当総額になる**ということです。

手順③

擬似的なROEを算出する

決算短信などを見て「自己資本」（株主資本）を確認してください。そして株主資本を税引後営業利益と比べます。擬似的なROEを算出するためです。
つまり、手順①で営業利益の6割を算出しましたが、これを株主資本で割ると擬似的なROEが算出できるというわけです。

手順④

ROEによる場合分けで7年後の配当予想金額を想定する

手順③で出したROEの高さによって、以下の操作を行います。

▼20％以上→手順②の配当総額を4倍してください

▼15％以上20％未満→手順②の配当総額を3倍してください
▼10％以上15％未満→手順②の配当総額を2倍してください
▼10％未満→手順②の配当総額を1・5倍してください

長期投資は、業績の成長をリターンに変えるものですが、欠点もあります。

それは、1～2年のスパンでは配当がそれほど大きく増えないことです。

例えば、配当が10％成長を続ける企業があるとしましょう。1年先に配当は1・1倍になりますが、株価の変動も4割あることを考えると株価の変動のほうが大きくなってしまいます。


しかし、10年待てば、配当は1・1を10回かけて2・6倍になるので株価の変動よりもずいぶんと大きくなります。

とはいえ、「10年では長すぎる」と感じる投資家も多いことでしょう。

そこで、**本書では5～7年先のことを基準にして株価を評価することにします。**1～2年では株価の変動に成長が負けてしまうし、8～10年では見通しにくいので、5～7年という成長が株価のブレよりも大きくて、10年よりは見通しのいい期間とみな

ROEによる場合分け

ROEの水準	配当総額を何倍にするか	根拠は7年間の複利効果
20%以上	4倍	1.2を7回掛けると 3.6になるから
15%以上 20%未満	3倍	1.17を7回掛けると 3になるから
10%以上 15%未満	2倍	1.12を7回掛けると 2.2になるから
10%未満	1.5倍	1.07を7回掛けると 1.6になるから

しました。

ROEが20%の銘柄は、7年後の業績もしくは配当の増加を合わせたものが1・2を7回掛けたもの、つまり3・6倍になります。

これは将来、とくに7年後の配当総額をイメージした数になります。

手順④で算出した数字は、将来の配当総額とします。仮定としてROEが7年間維持でき、配当を再投資する前提です。

ちなみに、この仮定は特に厳しいものではありません。高い利益率の会社は10年後も比較的高い利益率を維持しています。

手順❺

将来配当と時価総額から将来の配当利回りを計算する

手順④で配当総額に何かしらを乗じた数字、将来の配当総額が算出されています。

そこで、その配当総額を時価総額で割ってください。

この数字を「将来利回り」と定義し、2%を上回る場合には「買い」の候補とします。

なぜ2%で評価するのでしょうか。

これは、日本株の現在の配当の利回りが約1・6%だからです。7年後の市場環境は予想できませんが、そのときの買い候補の銘柄の配当利回りが2%以上はあってほしいからです。

つまり、7年後の配当が2%以上であれば、平均的な投資案件としてはよい案件としているわけです。

厳密には配当性向の4割を考慮し、配当成長率はROEの6割とするのですが、本書の場合、投資家側でも配当収入を再投資する前提ですので、配当が投資家側の再投資を含めてROEで運用できるとしています（厳密には配当利回りで配当収益の再投資を行います）。

なお、配当を再投資する際、**「ミニ株」**を使うのも一手です。

ミニ株とは、証券会社が保有する株式を投資家が少ない金額で売買できる制度です。

例えば、単元株数が1000株の銘柄でミニ株を利用する場合、100株単位で売買できます。通常の10分の1の価格で取引するため、少ない元手で株式を買うことができるのです。

手順⑤によって、極めて割高な銘柄を排除することができます。通常の投資本では割高となるはずの株価収益率が20倍以上の銘柄であっても、本書では成長性を加味しているため、それらが投資対象になる場合があります。

手順❻

上値目処を計算する

「上値目処《うわねめど》」とは、目標とする株価の目処です。

この数字が今の株価よりも高くなるならば、買いとします。

上値目処を算出するには、手順⑤で出した数字をその時々の市場の単純平均利回りで割ります。２０１８年の平均利回りは約１・６％ですので、１・６で割るわけです。

平均利回りで割る理由は、２つあります。

１つは、多段階配当モデルは第1段階（本書では7年）の間の成長を理論株価に加味しますが、第2段階ではどんな成長企業も平均的な企業へと成熟してしまうという前提をとるからです（これを「平均への回帰」といいます）。

理由の2つめは、平均への回帰という現象を保守的に7年間で生じるという仮定を置いているからです。平均への回帰は、業績が芳しくない企業も優れた企業も長い期間のなかで平凡な企業になるという前提です。本書の7年はかなり保守的な前提で、通常は20年程度を要しますし、成長企業のなかには50年以上高成長を続ける企業もあります。

買い銘柄の将来利回りは2％以上あるはずなので、すべての買い銘柄は20％の上値余地があるはずです。

例えば将来利回り４％であれば、上昇余地は４÷１・６で２・５倍です。７年で２～３倍になるだろうと推定できます。

もちろん、上値目処が高い順に投資をすればよいのですが、業績のチェックを今後もしなければならないので、ＩＲの担当者が丁寧であるとか、社長が株主総会で気さくに話してくれるという判断をいれてもよいです。

つまり、業績フォローのコストが安いものを上値余地の大きさより優先してもよいということです。なお、自分が詳しい業界や商品については、上値余地よりも、その優位性を生かすべきでしょう。

ポートフォリオを作成し年に1回だけ確認

⑥までを計算したうえで、上位5～10銘柄に投資してホールドします。

そして年に1回、11の計算をし直します。銘柄の上値余地が株価の動向や業績のブレによって変化していきますので、すべてクリアできなければ銘柄の入れ替えを行います。

いかに長期投資であっても、買ったまま放っておくという態度は好ましくありません。上がれば多少は利食い、業績が悪くないのに下がったら、少しは買い増すほうが投資成績はよくなります。

また、長期投資のことをよく「バイ・アンド・ホールド」と表現する人がいますが、保有銘柄に関しては「チェック・アンド・ホールド」であるべきです。

具体的な銘柄で計算してみよう

さあ、ここまで紹介した内容をふまえ、実際に具体的な銘柄で計算してみましょう。用意する情報は以下になります。

▼**直近の実績売上、原価、販売管理費**（ステップ①）［入手先：年度ベースの決算短信］
▼**一株配当、一株当たり利益**（ステップ②）（注意：予想ベースでも実績ベースでもよい）［年度ベースの決算短信］
▼**過去の売上の推移。あれば過去5年間、最低3年間**（ステップ③）［有価証券報告書］
▼**企業の中期経営計画（あるいは事業の目標）の発表資料**（ステップ④）［ホームページ］
▼**企業の主力商品についての情報**（ステップ⑤）［ホームページやウェブサイト］
▼**株主資本の額**（手順③）［決算短信］
▼**銘柄の時価総額**（手順⑤）［Yahoo!ファイナンスなどの株価サイト］

計算例❶

日進工具（6157）

日進工具は、精密な金型をつくるための小径のドリルで高いシェアを誇る高収益企業です。超精密な金型は、ロボットや医療機器、電気自動車、スマホなどを製造する場合に必要なものです。

同社はオーナー企業であり、株主還元に積極的であり、配当を2016年の25円から2018年には45円と大幅に増配したことで注目されました。

では、まずステップ①～⑤までを順番に検証していきましょう。

ステップ❶（営業費用売上比率が1・15以上か）

計算式は、「売上÷総費用（売上－営業費用）」でしたね。日進工具は、2018年3月の売上が約98億円に対して営業利益が27億円です。

つまり総費用は71億円。売上を総費用で割ると1・38倍です。基準となる1・15倍を超えているのでステップ①は合格です。

ステップ❷（配当性向は5割以上か）

一株配当45円に対し一株当たりの利益が152円ですので、45を152で割ると配当性向は30％です。基準の5割に満たないのでクリアできません。

よってステップ③へ進みます。

ステップ❸（直近4年連続で増収か）

過去の売上を並べると8年連続の増収となっています。直近5年はずっと増収ですので条件をクリアしました。

ちなみに売上は、18年3月が97億円、17年3月が88億円、16年3月が84億円、15年3月が74億円、14年3月が64億円です。

増収率は隣り合う年度の売上を割れば算出できますので、18年3月が10％、17年3

月が5％、16年3月が14％、15年3月が16％です。

ステップ④（中期経営計画の有無、事業戦略が明確か）

最初に、同社のホームページを見ます。

すると「事業戦略」が記載されています。そこには、利益率20％を将来も維持することや事業戦略として、海外売上比率を2割から3割に、そして、同社が圧倒的に強い小径ドリル市場のさらなる強化、シェアアップを基本にしています。

また、決算説明会資料が存在します。アナリストレポートもホームページで紹介されています。同社が投資家とのコミュニケーションを大事にしていることが見て取れます。

つまり、日進工具は明確な事業戦略と数値目標（利益率の維持や海外比率等）を有しているのでステップ④をクリアとします。

拡大する市場だと、シェアが上昇すれば結果として売上も上昇します。極端に不景気になっても、利益率を維持するといっているので、赤字になるような無茶はしない。

ー 日進工具の経営戦略

ニッチな市場であった超硬小径エンドミルに経営資源を集中することで、この分野において先行できたことに加え、各種製品が小型化・高密度化する流れにも乗って順調に業績を伸ばすことができました。今後は高付加価値製品の販売強化、工作機械メーカー・代理店との関係強化により利益率及び海外売上高比率の向上を図ります。また、新素材工具の研究を進めるとともに、事業の多角化についても引き続き検討してまいります。

① 高収益力	超微細・精密加工分野で高収益のトップ企業へ ➡ 売上高経常利益率20％の水準を維持
② 海外拡大	海外でも「指名される工具メーカー」へ ➡ 売上高比率を現状の20％ ⇒ 将来的に30％へ
③ 製品力強化	微細・精密加工における圧倒的No.1 ➡ 超微細化・長寿命化・高能率化を推進

日進工具HPより

よって長期の投資に適う企業です。

ステップ⑤（20年後もあるか）

精密な金型は20年後もあるでしょう。数量は産業用のロボットや人手不足を補うためのロボットなどが大量に精密金型を使用するために伸びると考えられます。

そして過去、売上が順調に伸びていることを合わせて、今後も売上は増えそうだ、と結論付けます。

ステップ①〜⑤までクリアしたので、続いてバリュエーションを計算していきます。

手順① 営業利益の6割を計算する

営業利益は27億円なので、税引後営業利益はその6割、16億円です。これは投資家に属する利益とみなします。

手順② 税引後営業利益の4割を計算する

将来の配当性向4割を期待して、①の数値に0・4を掛けます。6・5億円となります。これを理想配当総額とします。

手順③ 擬似的なROEを算出する

決算資料からROEを計算します。同社の自己資本は120億円です。税引後営業利益16億円に対して自己資本120億円ですから、ROEは16を120で割った13%程度です。

手順④ ROEによる場合分けを行う

ROEの場合分けにより、同社の13%は配当総額を2倍することになるので、配当総額6・5億円の2倍を計算します。13億円となります。

手順5 対象銘柄の時価総額をチェックする

日進工具の時価総額を調べます。株価に発行済株式数をかけると270億円（2018年12月21日）となります。

あとは、配当総額の2倍である13億円と時価総額380億円との比率が2％を超えれば買い成長株銘柄として合格となります。13÷270は4・8％なので大きく2％を超えます。よって、日進工具は買い判断となります。

手順6 上値目処を計算する

最後に、上値目処として日本株の平均的な利回りである1・6と同社の将来の配当利回り予想4・8とを比べます。4・8÷1・6＝3です。

つまり、「現在の時価総額では評価不足で、株価は3倍になる潜在力や将来性がある」という計算結果です。

上値目処は、時価総額で810億円。ただし、これはすぐにそうはなりません。長い時間をかけてじわりじわりと上昇していく7年後の姿です。

7年で3倍ですので、十分に年率2桁の配当の増加や株価の上昇が期待できるということがわかりました。

次は、競争のあえて厳しい業界で善戦している企業を検証していきましょう。

計算例❷

ヨシックス（3221）

ヨシックスは職人がすしを握る「や台ずし」という店舗を全国に展開しています。現在の店舗数の10倍の出店を計画するなど、成長への意欲が高いことから注目しました。

ステップ❶ **（営業費用売上比率が1・15以上か）**

2018年3月の売上が157億円、営業利益が16・5億円ですから、総費用は140・5億円となります。売上÷総費用は1・11なので、ステップ①をクリアできません。

しかし、例外規定がありました。「外食、商社、卸売りなど、業界の利益率がそもそもかなり低い業界では、1・1倍以上で条件をクリアしたとみなす」というものです。今回は、この例外規定により救済できます。

この例外規定はなぜあるのでしょうか。

それは、儲けにくい業界で2桁の営業利益率を誇るということは強い競争力を有するとみなせるからです。つまり、弱いライバルたちを抑えて増収が長期にわたり確保できる可能性が高いと考えられるわけです。ヨシックスの場合、ステップ③で見るように、過去の増収の実績は申し分ありません。

ステップ②（配当性向は5割以上か）

配当性向は一株配当16円に対して一株当たりの利益が190円なので、条件はクリアできません。よってステップ③に移ります。

ステップ③（直近4年連続で増収か）

2014年3月の売上76億円が、2018年3月で157億円ですから、ステップ

③は問題なくクリアです。出店の余地がまだまだありそうです。

ステップ④（中期経営計画の有無、事業戦略が明確か）

同社のホームページは充実しており、明確に現在300店舗を遠い将来に500店舗、ゆくゆくは3000店舗にしていくことが説明会資料に書かれています。

これは82ページで紹介したとおりです。よってステップ④もクリアです。

ステップ⑤（20年後もあるか）

寿司屋や居酒屋は店舗として20年後もあるでしょうか。間違いなくあるでしょう。

また、商品の数量増とは同社の場合、出店数が増えるかの判断ですから、まだまだ出店が続くことからステップ⑤も合格です。


続いてバリュエーションを計算していきましょう。

手順❶ 営業利益の6割を計算する

営業利益は16・5億円なので、6割は10億円です。

ヨシックス(3221)の売上と増収率の推移

	2014年3月期	2015年3月期	2016年3月期	2017年3月期	2018年3月期
売上(100万円)	7,639	9,001	10,975	12,714	15,683
増収率(%)	8.6	17.8	21.9	15.8	23.3

手順② 税引後営業利益の4割を計算する

手順①の税引後営業利益に理想の配当性向4割を当てはめます。10億円の4割で4億円の配当総額とみなします。

手順③ 擬似的なROEを算出する

同社の場合、自己資本は54億円です。税引後営業利益10億円との比率、ROEは18・5%と高位です。

手順④ ROEによる場合分けを行う

ROEの場合分けにより、配当総額を3倍しますので、4億円の3倍で将来配当予想は12億円となります。

手順⑤ 対象銘柄の時価総額をチェックする

同社の時価総額280億円（2018年12月21日）で、将来配当利回りを算出すると12億円÷280億円＝4・3％となります。

これは2％より高いので、ヨシックスは買い判断です。

手順⑥ 上値目処を計算する

長期間の目標株価を算出します。ヨシックスの将来の配当利回り4・3％は日本株の平均的な利回り1・6％の2・7倍ですから、ヨシックスの7年後の時価総額はいまの2倍以上となる可能性が確認できます。

最後に、ステップ②の配当性向5割を満たす企業のパターンとして1社検証していきましょう。

計算例③ JT（2914）

ご存じのように、JTは日本でタバコ販売を独占的に手掛けています。高い配当利回りから成長株投資の銘柄として期待ができます。

ステップ1（営業費用売上比率が1・15以上か）

2018年3月の売上2兆1590億円に対して営業利益が5610億円ですから、総費用は1兆5780億円。比率は1・35倍なので1・15倍を大きくクリアします。

ステップ2（配当性向は5割以上か）

一株配当140円で一株当たりの利益219円と配当性向が6割超えなのでクリアです。ステップ②をクリアした場合は、ステップ④に飛びます。

ステップ④（中期経営計画の有無、事業戦略が明確か）

中期経営計画や説明会資料が充実しているかを見ます。

同社の場合、ホームページに中期経営計画のスライドがあり、そこには配当を増配していく旨がしっかり書かれています。つまりステップ④はクリアです。

ステップ⑤（20年後もあるか）

最後にステップ⑤です。

以下の理由からタバコは、ほんの20年先に淘汰されるとは考え難いといえます。

▼南米先住民を中心に始まった1000年を超える歴史があること
▼1500年代に日本に伝わって以来、500年以上根付いた嗜好品文化であること
▼世界的にもコロンブスの新大陸発見を起点として600年の歴史があること
▼世界各国の財政を、タバコが支えていること
▼タバコの葉ではなく、それを固めるバインダーや周りを包む紙が発がん性に関与していること
▼近年、タバコの葉が鶏卵ベースにしたインフルエンザワクチンを性能面で圧倒して

おり、新型ワクチンとして普及しつつあること

これらの理由から、ステップ⑤はクリアとします。

続いてバリュエーションを計算していきます。

手順1 営業利益の6割を計算する

税引後営業利益は3366億円となります。

手順2 税引後営業利益の4割を計算する

手順①の4割を配当とみなします。1347億円です。

手順3 擬似的なROEを算出する

自己資本が2兆7617億円であることから、ROEが3360億円÷2兆7617億円で約12％となります。

手順❹ ROEによる場合分けを行う

ROEが12％ということは、10～15％のあいだなので、配当総額の2倍を計算。2694億円が7年後の配当総額とみなします。

手順❺ 対象銘柄の時価総額をチェックする

2694億円と時価総額5兆3630億円（2018年12月21日）との対比を行います。5％ですから2％より高く、合格となります。

手順❻ 上値目処を計算する

手順⑤で算出した5％を市場の利回り平均1・6で割ると、3・1倍となります。今後7年間でJTへの投資で投資家は元本を3・1倍にできる可能性があると判断します。

これまでの成長型タイプの日進工具やヨシックスと比べると、JTは配当を投資家自身が自分で再投資しなければこの目標は達成できません。

いま、ＪＴの配当利回りは５％あります。配当を再投資し、７年間経過した場合、１・05の７乗を計算すると１・４倍ですから、ＪＴへの投資は普通に配当を再投資するだけで報われる可能性が高いはずです。

ただ今回、市場平均利回り１・６％で不人気株であるＪＴを評価したので、必要以上に高い評価となった可能性も否定できません。

タバコ人口は増えることはないので、ＪＴとしては、煙の出ないタバコで後れを取り戻すことや海外でのビジネス展開、タバコ以外の食品・飲料・医薬品などに事業領域を広げることが株価の再評価のために必要です。

そうは言っても、明確なリスク、明確な戦略が描きやすい企業であり、十分長期の投資に適う企業であると考えられます。

補足事項

▼本章の「計算例」として紹介した3銘柄は、第2章でおすすめする4銘柄と同様、長期投資に値する企業です。

▼超高成長企業の場合、ROEの場合分けを20％以上としたため、30％以上で急成長している企業については評価が厳しく出てしまいます。その場合は、配当総額を6倍程度に増やしても構いません。

▼保有する現金から有利子負債を除いたもの（＝ネットキャッシュ）が時価総額のかなりを占める場合（例えば20％以上）は、それを考慮しても構いません。

将来配当を市場平均利回りで割ったものにネットキャッシュを足して目標となる将来の時価総額を算出してください。

▼2018年12月12日現在、マーケットが悪いため、市場の単純平均利回りは1・6ではなく1・77となっています。このように利回りが変動するリスクを「ベータリスク」といいます。

したがって、読者の皆さんはその時々の平均利回りで各々評価をする必要があります。

なお、この指標は日本証券取引所のＨＰから誰でも無料で調べることができます。

https://www.jpx.co.jp/markets/statistics-equities/misc/03.html

第2章

いま
仕込んで
おくべき
成長株を紹介！

本章では、第1章で解説した成長企業の選び方をふまえ、いま仕込んでおくべき具体的な銘柄を取り上げます。

銘柄1

技研製作所(6289)

選んだ理由

利益率が高く、増収を続けているから

技研製作所の強み

技研製作所は、現社長の北村精男氏が1967年に高知で創業した会社です。市場シェア9割の騒音のない杭打ち機械「サイレントパイラー」を主力商品としています。

サイレントパイラーは、1970年代後半に発明されました。それまで現場ではハンマーで杭を叩いて打っていましたが、騒音がひどかったため、北村社長が圧入力を使い、騒音の出ない杭打ち機を開発したのがきっかけです。

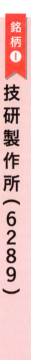

開発当時は、騒音問題が深刻であっても建機メーカーは関心を持ちませんでした。しかし、同社が深刻な社会問題に取り組んだことで風向きが変わります。

また、杭を掴む力は当時の建機の油圧力の5倍も必要でしたが、それに耐えられるホースなどのキーデバイスはありませんでした。開発には資金が必要でしたが、運よく当時の通産省が資金を融通してくれたそうです。

そのとき特許も取得したので、現在でも圧入力を利用した特許分野では他者を圧倒しています。知的財産で守られているため、高い利益率を確保できるのです。

また、同社は新しい工法を開発し、それを先進的な工法として「技研施工」というグループ会社でマニュアル化し、全国圧入協会に報告、全国圧入協会は業界団体として行政に新工法を提案しています。最適な機械やシステムを技研製作所にて開発するため、常に競争で優位に立っています。

昨今は、「国際圧入学会」という世界規模の学会をつくり、ケンブリッジ大学などの著名大学と共同研究を進めているのですが、真の狙いは「地下空間の可視化」であり、同社は世界中に騒音と無縁な自動杭打ち機の普及を狙っています。

ただし、技研製作所の業績にはリスクがあります。海外の展開は始まったばかりですし、国内のスーパー堤防の予算の執行が滞ることもあるでしょう。

しかし中長期で見れば、新規の需要を開拓していく準備には余念がない企業ですから将来はかなり期待できると思っています。

また、同社は品質や安さで勝負をする従来の製造業ではなく、事業のフレームワークづくりが優れています。

一般論ですが、特定の業界の中で資格、規格、協会、学会、特許等をグランドデザインしてこそ、ブルーオーシャンが可能になります。同社は学会・業界団体と力を合わせて土木工事の無人化省人化のシステムを開発しているため、「参入障壁は高い」と判断できます。

11のシンプル計算をして成長株かどうかチェック！

ステップ1（営業費用売上比率が1・15以上か）

同社の営業費用売上比率は、２０１８年８月期で１・26倍と基準（１・15）を超えています。投じた営業費用の１・26倍を売上で回収できる高い収益力です。

ステップ2（配当性向は5割以上か）

同期配当60円に対してＥＰＳが１５６円なので、配当性向は5割未満です。基準を満たさないためステップ③へ移ります。

ステップ3（直近4年連続で増収か）

増収率の過去の推移を見ていきます。

売上は２０１３年８月期の１０５億円から5年で２０１８年８月期は２９１億円と大幅に増収となりました。この期間、毎年増収です。同期の営業利益も17％増益となりました。

つまり、同社はステップ①で確認したとおり、高収利益でありながらも、ステップ③の条件を満たし、増収を確実に成し遂げてきた高収益成長企業であることがわかります。

ステップ④（中期経営計画の有無、事業戦略が明確か）

経営の指針として長期、または中期の経営数値目標があるでしょうか。

同社のホームページをチェックすると、2015年当時、2018年までの3カ年の中期経営計画説明資料を見つけることができます。現在、次期の中計を策定中とのことですが、世界中の顧客に日本の本社（高知）に来てもらいたいという野心的な計画です。また、2015年には大幅な増収を計画しましたが、見事に達成しました。

よって、同社はステップ④の条件をクリアしています。

ステップ⑤（20年後もあるか）

商品自体の永続性や数量の見通しをチェックします。

同社は、前述したようにサイレントパイラーという圧入原理を用いた杭打ち機械の開発・製造・販売を手がけています。
現在、世界シェアの9割を占め、今後は、海外への拡販が見込まれます。数年で売上が倍以上になっているのは、世界的に防災への備えが求められているからです。

近年、海水温の上昇の影響で台風などの自然災害が大規模化しています。また、既存の大型堤防では津波や高潮を十分に防げないことが東日本大震災のときに判明しました。堤防はコンクリートの塊にすぎず、自重で置かれているだけだったのです。そのため、大震災では津波で倒れてしまい、防災の役に立ちませんでした。将来、南海トラフ地震などの備えが防災上必要といえるでしょう。

そこで同社が提唱するのが「インプラント堤防」というスーパー堤防です。どんな大型台風や津波が来ても倒れない堤防の建設が数年前からようやく始まりました。よって、ステップ⑤については、将来の見通しは明るいため、条件を満たすと考えます。

では、続いて株価が割安かをチェックしていきましょう。

手順1 営業利益の6割を計算する

営業利益60億円の6割を税引後営業利益とします。同社の場合36億円です。

手順2 税引後営業利益の4割を計算する

税引後営業利益36億円の4割、つまり配当は14億円となります。

手順3 擬似的なROEを算出する

自己資本343億円に対して税引後営業利益が36億円ですから、ROEは10・5%です。

手順4 ROEによる場合分けを行う

ROEが10%以上ですので、配当14億円の2倍を計算します。すると、将来配当予想が28億円となります。

手順5 対象銘柄の時価総額をチェックする

時価総額は909億円（2018年12月21日）です。

手順6 上値目処を計算する

同社の将来配当は28億円でしたが、それを時価総額で割ると将来の配当利回りは2・5％となります。よって、「買い」の目安の2％以上あります。

市場の単純平均が1・6％程度ですから、同社の3・1％は市場の1・6％の1・9倍となります（3・1を1・6で割ると1・9）。

銘柄2 扶桑化学工業（4368）

選んだ理由 ここ数年間、増収基調であり、営業利益率の水準が高いから

扶桑化学工業の強み

扶桑化学工業は1952年に現・名誉会長の赤澤庄三氏により設立されました。

創業当時から研究開発型企業であり、世界で初めてリンゴ酸の開発に成功。世界屈指のリンゴ酸メーカーとなりました。

その後、1980年代後半には、半導体業界に同社の高純度コロイダルシリカが採用されます。これが同社のドル箱商品となり、近年の同社の成長を支えています。

同社は、すべての研磨剤メーカーに対してほぼ独占的に材料を提供しています。同社が独占している高純度のコロイダルシリカの分野は、半導体の最も難しい工程に使われているため、参入障壁は非常に高いです。

ニッチなマーケットには、資本にものを言わせる大手は参入しません。自然とライバルは小資本の相手になります。

そこに人とカネとモノを投入し、「グローバルニッチ戦略（技術優位性からライバルを圧倒する戦略）」の考え方で圧倒的な供給能力を誇示することで、ライバル企業の参入を諦めさせています。

設備投資を開示する手法は、同じ大阪の日東電工が液晶偏向板の投資で行った手法です。台頭する台湾などの現地メーカーを牽制するために、市場の需要を上回る供給能力を持つと大々的に外部にアピールし、他社の参入を防いだのです。

同社のコロイダルシリカ事業の営業利益率は、筆者推定で6割以上。投資効率は高いといえます。

また、通常2、3社で市場を分け合う半導体製造装置業界ですが、同社の顧客は10社程度と細分化しています。これは顧客の収益にとってはよくありませんが、扶桑化学にとっては価格交渉力の面で交渉相手に大手がいないことが功を奏しています。

また、顧客は大手半導体メーカーの研究開発に付き合う必要があり、量産に寄与しない高価なCMPなどの研磨装置を最新にしておく必要があります。

しかし、扶桑化学工業はそうした高価な半導体製造装置を購入しなくてよいのです。

よく顧客は「扶桑化学工業の材料が高いから儲からない」と投資家にぼやいているのですが、これは仕方のないことです。同社にとっては、「それが嫌ならば他社から安く買ってください」と言えばよいだけの話だからです。

勝ち方を知っている企業であるため、ブレが大きい半導体関連銘柄ではありますが、中長期にはIoT時代を迎えてさらなる微細化の要請は続くと考えられます。同社の主力商品コロイダルシリカの中長期の成長が期待できるでしょう。

11のシンプル計算をして成長株かどうかチェック！

ステップ❶（営業費用売上比率が1・15以上か）

同社の営業費用売上比率は、2018年3月期で1・35倍と基準（1・15）を超えています。投じた営業費用の1・35倍を売上で回収できる高い収益力です。

ステップ❷（配当性向は5割以上か）

同期配当45円に対してEPSが186円ですので、配当性向は5割未満です。基準を満たさないためステップ③へ移ります。

ステップ❸（直近4年連続で増収か）

売上は２０１４年３月期の２９３億円から５年後の２０１８年３月期には４０２億円と大幅に増収となりました。この期間、毎年増収です。２０１９年についても増収の見通しです。

つまり、同社はステップ①で確認したとおり、高収益でありながらも、ステップ③の条件を満たし、増収を確実に成し遂げてきた高収益成長企業であることがわかります。

ステップ❹（中期経営計画の有無、事業戦略が明確か）

同社のホームページをチェックすると、決算説明会資料で3カ年の中期計画説明資料を見つけることができます。単体売上を今より40億円ほど伸ばす計画であり、ＥＢＩＴＤＡ（償却前税引前利益）の単体目標額を１１５億円としています。

設備投資を行うために、利益ではなく償却費を含んだキャッシュフローベースを経営目標としています。

よって、同社はステップ④の条件をクリアしているとみなせるでしょう。

ステップ5（20年後もあるか）

前述したように、同社の稼ぎ頭の商品は「コロイダルシリカ」という極小のシリコン粒子であり、主に半導体の研磨剤の材料として使われます。

この分野で同社のシェアは圧倒的に高いことが知られています。この製品は半導体における研磨工程がある限り使われるため、半導体の3D化、つまり半導体の多層化が進むため、より平らにウエハ表面を研磨しなければならず、将来も需要が拡大する見通しです。実際、過去4年で売上は倍増しています。

では、続いて株価が割安かをチェックしていきましょう。

手順1 営業利益の6割を計算する

営業利益105億円の6割を税引後営業利益とします。同社の場合63億円です。

手順2 税引後営業利益の4割を計算する

税引後営業利益63億円の4割、つまり25億円が配当となります。

手順③ 擬似的なROEを算出する

自己資本501億円に対して税引後営業利益が63億円なので、ROEは12・6％です。

手順④ ROEによる場合分けを行う

ROEが10％以上15％未満ですので、配当25億円の2倍を計算します。すると将来配当予想が50億円となります。

手順⑤ 対象銘柄の時価総額をチェックする

時価総額はおよそ687億円（2018年12月21日）です。

手順⑥ 上値目処を計算する

同社の将来配当50億円を時価総額で割ると、配当利回りは7・3％です。したがって、「買い」の目安の2％以上あります。

市場の単純平均が1・6％程度ですから、同社の5・3％は市場の1・6％の4・5倍となります。（7・3を1・6で割ると4・5）。

つまり、同社の株式は将来4・5倍程度にはなると想定できます。

銘柄❸ プレミアグループ（7199）

選んだ理由 新しいサービスを次々と投入し、海外の事業も成長させているから

プレミアグループの強み

プレミアグループは、中古車の購入者に対してオートローンを提供する会社です。現社長の柴田洋一氏が2015年に創業した若い会社ではあるものの、オートローンでは新興ながらシェアをぐんぐん伸ばしています。

また同社は、中古車の故障を保証する「ワランティ」という商品を開発しており、業界シェアトップとなっています。

中古車のオートローンと聞いて、成熟市場をイメージする方も多いと思います。

ところが驚くべきことに、**成熟市場をブルーオーシャンに変えることもできるので**

す。

成熟市場には、成熟市場ならではの利点があることをご存じでしょうか。

それは「新規の参入がない」「厳しい環境を経るごとに市場参加者が淘汰されていく」ということです。

同社の属するオートローンの業界は、大手寡占です。オリコやジャックスがライバルとなります。市場規模に対するプレミアグループのシェアは10%とまだ低いですが、ほんの数年前はその半分のシェアしかなかったことを考えると、急速にシェアを伸ばしていることがわかります。

同社は中古車ディーラーを主に顧客にしており、ローラー作戦で営業に回ることができます。それができるのは同社が中古車ローン専業だからです。

同業他社は自動車だけではなく、投資用アパートや事務機器など多種多様なものを取り扱っているため、営業のフォーカスが定まりません。

しかし同社は、中古車ディーラーが現状、先行きに困っているという切実なニーズに向き合うことでワランティという商品を生み出すことができました。

同社がワランティを手がけるようになると、他の中小の業者も参入してきました。ただし、同社が音頭を取り、日本ワランティ協会を設立し業界としての規律を保ちつつ、一定の政治力をつけることで参入障壁を築くという戦略を採っています。

ワランティ事業はローンを使わない顧客にも売れることから、中古車ディーラーにとっても同社にとっても助かる商品です。利益率も高いことから同社の収益の柱の一つに育ちつつあります。

ちなみに、同社の一番の強みは組織力です。特に営業の方々の生産性は高いものがあります。典型的な営業の会社では、離職率が高く、歩合が大きいのですが、同社は逆に、新卒を育てる方針であり、離職率は低く、成果連動の部分は少ないのです。

社員のモチベーションが上がるのは、仕事をどんどん若手に任せるからだと見ています。

例えば、社員行事も現場の社員が中心になってやります。これは柴田社長が過去の大量採用のときに思うように人が育たなかったことから学んだためだと私は考えています。いまは育てられるだけの人数しか採用せず、その代わり、採用した社員はしっかりと育てているようです。

ライバル企業は自動車関連の顧客が2割ですが、プレミアグループの営業はほぼ100%中古車屋さんが相手ですから、将来の中古車屋さんの経営を助けるべく、これからもさまざまな新しいサービスを開発していくと思います。

同社が力を入れているのはシェアをまだまだ伸ばせる余地がある国内市場のオートローンだけではなく、海外におけるオートローンとワランティの事業です。海外は特にインドネシアとタイに注力しており、どちらも利益貢献をしています。海外は中古車であってもローン比率が高いので、日本市場を大きく上回る市場規模なのです。

このように、一見、成熟に見える市場であっても、新しい企業がシェアをどんどん伸ばしていく事例があります。「成熟する市場などない」と断言してもよいくらいです。

11のシンプル計算をして成長株かどうかチェック！

ステップ❶（営業費用売上比率が1・15以上か）

同社の営業費用売上比率は２０１８年３月期で１・２倍と基準（１・15）を超えています。投じた営業費用の１・２倍を売上で回収できる高い収益力です。

ステップ❷（配当性向は5割以上か）

同期配当85円に対してＥＰＳが２１５円ですから、配当性向は5割未満です。基準を満たさないためステップ③へ移ります。

ステップ❸（直近4年連続で増収か）

最近の上場ということで、過去の売上は3期間しかとれませんが、２０１６年３月期の売上は53億円、２０１７年３月は79億円、２０１８年３月期には91億円と増収基調です。2019年についても増収の見通しなので、ステップ③の条件を満たしていると判断します。

ステップ④（中期経営計画の有無、事業戦略が明確か）

同社のホームページをチェックすると、決算説明会資料で長期の成長戦略資料を見つけられます。これまでなかった車の故障に対する保険ビジネス「ワランティビジネス」に注力するとともに、整備事業や海外への展開が計画されています。ステップ④をクリアしているとみなせるでしょう。

ステップ⑤（20年後もあるか）

同社の稼ぎ頭の商品は、中古車のローンと故障に対する保証です。どんな世の中になっても、中古車市場は存在しているでしょうから、ビジネスがなくなる恐れはなく、永続的な事業といえるでしょう。よってステップ⑤の条件を満たしています。

では、続いて株価が割安かをチェックしていきましょう。

手順❶ 営業利益の6割を計算する

営業益24億円の6割を税引後営業利益とします。同社の場合9・6億円です。

手順❷ 税引後営業利益の4割を計算する

将来の配当性向を4割と仮定し、税引後営業利益9・6億円の4割、つまり3・8億円を将来の配当として算出します。

手順❸ 擬似的なROEを算出する

自己資本57億円に対して税引後営業利益が3・8億円ですからROEは6・7%です。

手順❹ ROEによる場合分けを行う

ROEが10%未満ですので、配当3・8億円の1・5倍を計算します。すると将来配当予想が5・7億円となります。

手順❺ 対象銘柄の時価総額をチェックする

時価総額はおよそ181億円（2018年12月21日）です。

手順6 上値目処を計算する

同社の将来配当5・7億円を時価総額181億円で割ると、配当利回りは3・1％です。「買い」の目安の2％以上あります。

市場の単純平均が1・6％程度ですから、同社の3・1％はその2倍となります（3・1を1・6で割ると約2）。

つまり、同社の配当は将来2倍程度にはなると想定できます。

銘柄4 太陽ホールディングス（4626）

選んだ理由
増収基調で利益率が2桁以上あるから。また昨今、薬品の製造事業に新規に参入し、成長への意欲があるから

太陽ホールディングスの強み

太陽ホールディングスは、1953年設立のプリント配線板や半導体パッケージ基

板の表面を覆い、回路パターンを保護する「ソルダーレジスト」というインキの薬液を提供しています。アップルのiPhone向けCPU基板などのハイエンド分野では、シェアが過半を超える高シェア企業です。

今後、エレクトロニクス業界に加えて、製薬事業への進出を決めた野心的な企業ですが、配当についてもしっかりとした考えを持っています。

11のシンプル計算をして成長株かどうかチェック！

ステップ1（営業費用売上比率が1・15以上か）

同社の営業費用売上比率は2018年3月期で1・3倍と基準（1・15）を超えています。投じた営業費用の1・3倍を売上で回収できる高い収益力です。

ステップ2（配当性向は5割以上か）

同期配当160円に対してEPSが169円ですので、配当性向は5割以上です。

基準を満たします。そのため、ステップ③を飛ばしてステップ④へ移ります。

ステップ④（中期経営計画の有無、事業戦略が明確か）

同社のホームページをチェックすると、IRのページに中期計画が発表されています。2020年には営業利益率20%、ROE11%、DOE（株主資本配当率）5%、過去最高営業利益の達成と、4つの目標が示されています。よって、同社はステップ④の条件をクリアしていると判断できます。

ステップ⑤（20年後もあるか）

同社の稼ぎ頭の商品は「ソルダーレジスト」という半導体パッケージを保護するためのインキです。微細な加工を露光装置するための光学特性も必要とされ、環境にもやさしいインキとなっています。

同社の利益率が高いのは、この薬液を発明したからです。いわゆるブルーオーシャンを築いたのです。半導体がある限り、同社の薬液は使われるので永続性はあるといえるでしょう。

また、半導体は昨今、自動車の電子化により用途が拡大しています。加えて同社は、第二の柱として医薬品の製造を手がける方針です。この方針は非常に興味が深いものです。

熾烈なエレクトロニクス業界に比べると、大手製薬会社の製造工程は、同社にとっては、濡れた雑巾のようなものでしょう。つまり、絞れば絞るほどコストダウンができるということです。

同社は競争の厳しいジェネリックではなく付加価値の高い薬剤を中心に大手製薬メーカーの製造部門となり、製造によるコストダウンを利益に変える方針です。

たしかに、アジアのエレクトロニクス同業と比べると国内医薬品製造はコスト競争とは無縁だっただけに、同社のビジネスセンスが光る決断だと評価しています。

したがって、ステップ⑤はクリアできると判断します。

では、続いて株価が割安かをチェックしていきましょう。

手順1 営業利益の6割を計算する

営業利益113億円の6割を税引後営業利益とします。同社の場合68億円です。

手順❷ 税引後営業利益の4割を計算する

将来の配当性向を4割と仮定し、税引後営業利益68億円の4割、つまり27億円を将来の配当として算出します。

手順❸ 擬似的なROEを算出する

自己資本726億円に対して税引後営業利益が68億円なので、ROEは9・4%です。

手順❹ ROEによる場合分けを行う

ROEが10%未満ですので、配当27億円の1・5倍を計算します。すると、将来配当予想が41億円となります。

手順❺ 対象銘柄の時価総額をチェックする

時価総額はおよそ873億円（2018年12月21日）です。

手順❻ 上値目処を計算する

同社の将来配当41億円を時価総額873億円で割ると、配当利回りは4・7%となります。「買い」の目安の2%以上あります。

市場の単純平均が1・6%程度ですから、同社の4・7%はその約3倍となります。（4・7を1・6で割ると2・9）。

つまり、同社の配当は将来3倍程度にはなると想定できます。

成長企業に共通する人を大切にする文化

以上、成長株に当てはまる4社の事例を紹介してきました。

伸びる会社の特徴は、「企業は人がすべて」を体現していることです。例えば、以下の3つです。

▼能力が上がればしっかりと昇給させる

技研製作所は高知の会社ですので、給料があまり高くはありませんでした。しかし、一流を目指す以上これではいけないと意識を変え、17年ほど前は平均年収が420万円だったのが、現在は657万円まで伸びています。

扶桑化学工業も数年前の平均年収は500万円台でしたが、いまは700万円近くまで増加しています。

プレミアグループは、社員の平均年齢は30代ですが、平均年収は600万円台です。

太陽ホールディングスの平均年収は15年前に600万円でしたが、現在は約800万円です。

このように社員に昇給で報いていく企業は、人材定着率が高まります。

人材が定着すると、ノウハウが社外に流出しないので、企業は腰を据えて事業を展開することができます。

▼リストラがなくバイトを使わず正社員のみで運営する

立場上での給料の差が出ないよう**「臨時社員（アルバイト）を減らして、正社員数を増やしていること」**もポイントです。

技研製作所は、そもそも正社員だけの会社です。北村社長は、社員を家族のように大切にしており、地下鉄サリン事件のときは、社員がこんな目にあってはいけないと決意し、本社に避難用のシェルターを作りました。

また、原発事故のときには、原子炉の状態を心配し、関東以北の全社員を家族も含めて高知の本社に1カ月間避難させました。その費用は、すべて会社の経費としました。

扶桑化学工業は、派遣社員を10年以上前には雇用していましたが、この10年はほぼ正社員だけの会社にしました。

プレミアグループでは、臨時社員が2割未満です。同社は営業の会社ともいえるため、営業補助などの業務を派遣が担っているのでしょう。

太陽ホールディングスには基本的に臨時社員はいません。働くならば正社員であってほしいと会社が考えているからです。

▼意義あることに挑戦する

企業が意義あることに挑戦するためには、十年単位の時間がかかります。そのため、社員が何十年も継続して挑戦できる環境を企業は用意しているのです。難しい課題に日夜挑戦し続ける社員一人ひとりが企業の成長を牽引するのです。

技研製作所は、騒音に苦しむ人のために世の中にないサイレントパイラーを発明しました。また、防災に特化した工法を開発し、スーパー堤防を世界中に築くことで人々の命を守ることを使命としています。

扶桑化学工業が開発した高純度コロイダルシリカは、半導体のサイズを小さく、そして安価にしました。ＡＩやＩｏＴ社会を切り開く技術の進歩を支えているといえます。

プレミアグループがいなければ、ワランティという新しい保証は生まれなかったでしょうし、これほどまでに広がらなかったでしょう。また全国の中古車ディーラーを組織化し、そこからあがるビッグデータを解析するという発想も生まれなかったでしょう。

太陽ホールディングスの製品は水溶性で環境に優しく、扶桑化学工業と同様に、半導体パッケージの小型化を実現できたのは背景に同社の技術力があったからです。

同社は、配当性向を高くしつつ、新規の事業へのM＆Aも行いました。資金需要がある中で株主への還元もしっかり果たしています。人を大切にしてこその企業理念です。

日本には、ここでは紹介できていない素晴らしい企業がまだまだ存在します。長期投資により複利効果が期待できるのは、配当がずっと継続できる企業です。そうした企業は人を大切にしているからこそ、組織が上手く回っているのです。

そして、経営者にリーダーシップがあるからこそ、コスト削減一辺倒の経営ではなくて、社員を大事にしながら、意義あることに挑戦するマインドを社員に吹き込み続けることができるのです。

第3章

成長株選びに欠かせない経営者、経営戦略、ビジネスモデルの見極め方

なぜ経営者、経営戦略、ビジネスモデルへの理解が必要なのか

本章は、皆木が20年来の知友である山本さんのあとを受けて成長企業における「経営者、経営戦略、ビジネスモデル」の見極め方について執筆します。

まず、皆さん疑問に思われたかもしれません。

「なぜ投資本なのに、経営者や経営戦略、ビジネスモデルの話が必要なのか？」と。

そう思うのも当然です。

実際、書店に足を運んでみると、株式投資の棚にある本は、テクニカル分析やファンダメンタル分析を中心に構成されているものが大半です。

私が知る限りでも、経営者や経営戦略、ビジネスモデルにページをしっかり割いて

いる株の本は見たことがありません。こうしたテーマを扱う本は数多く存在するものの、投資ではなくビジネス書の棚に置かれるのが一般的でしょう。

しかし、株の類書を読むなかで、常々私は（お客様、顧客に）選ばれる企業になるための条件、すなわち、「企業が懸命につくりあげる業績の源泉、投資の大前提ともいうべき3本柱が、なぜしっかり取り上げられないのだろうか」と不思議に思っていました。

はたして、株式投資を行う際、経営者や経営戦略、ビジネスモデルについてきちんとアプローチしないままでいいのだろうか？

そんな疑問が頭から離れなかったのです。

もちろん、これらの要素を見逃していいはずがありません。

収益を生み出す源泉は、経営者、経営戦略（技術戦略や開発戦略なども含む）、ビジネスモデルです。

この3つを無視して投資先を選ぶことは、特に成長株投資において無謀ともいえるでしょう。

ウォーレン・バフェットと並び称されている伝説的なファンドマネジャーのピーター・リンチは「会社に投資するのであって、株価に投資するのではない」と述べていますが、この言葉は、経営者や経営戦略、ビジネスモデルを主軸において徹底的に企業調査をして株式投資をするという趣旨だと考えられます。

たしかに、企業経営の本質を見極めず、株の上下動、チャートなどだけで投資先を選んでも、ある一時は儲けられるはずです。

しかし、長期的に勝ち続けることは難しいでしょう。山本さんが書かれているように、相場を読むことは誰にもできないわけですから、高確率で儲けようとするなら相場に頼らない「別の視点」で投資先を選ぶ必要があります。

その「別の視点」こそが、山本さんが第1章で解説した**「11のシンプル計算」**であり、私がこれからお伝えする**「経営者、経営戦略、ビジネスモデル」**なのです。

私は学生時代から経営者を目指し、独立してからは、さまざまな企業に関わりながら経営戦略などを考え、プロ経営者として活動を積み重ねてきました。

そのなかで、ハードオフコーポレーションの代表取締役社長を務めたり、大戸屋の社外取締役などとして株式市場に向き合ったり、リソー教育では再建の副社長として釣瓶《つるべ》落としのような株価急落と復活の両方を経験してきました。

また、日本のＩＲの草創期の時代である１９９０年代初期からＩＲに関わり、投資家に対して企業のことを適切に正しく伝えるにはどうすればいいか、投資家向け広報はどうあるべきかを考え、長年にわたって研究してきました。

これまで分析をしてきた成長企業の数は３０００社を超えます。なかには早い段階で成長が鈍化・停滞してしまった企業もあれば、その逆で20年以上成長し続ける企業もあります。

その違いは、やはり経営者、経営戦略、ビジネスモデルに行き着くのではないか、というのが私の主張です。

もしかしたら、投資家にとってあまり聞きなれない話なので、「正直、読むのがしんどい」と感じている方もいらっしゃるかもしれません。

しかし、ご安心ください。

ここでは成長企業を見つけるために最低限おさえておくべきポイントだけを紹介しています。**普通なら3つのテーマそれぞれで単行本1冊書けるのですが、本当に大切な要点だけに絞り、80ページ程度にまとめています。**

ぜひ、今回をきっかけに経営者、経営戦略、ビジネスモデルについて関心を持ってください。

それまでとは違った視点で企業選びができるようになるだけではなく、皆さんの普段のビジネスにも生かせる点が多々あるはずです。

成長企業の経営者に共通する55のこと

まずは「経営者」に関する話から始めましょう。

私はこれまで3000人以上のさまざまな経営者に出会い、意見交換をしてきました。

そのとき、「成長し続ける会社の経営者といえば、誰を思い浮かべますか？」と質問すると、最も名前が挙がるのが次の3人です。

▼永守重信（日本電産会長）
▼孫正義（ソフトバンクグループ社長）
▼稲盛和夫（京セラ創業者）

この3人はビジネス誌の「社長が選ぶベスト社長」といった特集でも、たびたびトップに名を連ねる方々です。いわば〝選ばれる経営者〟です。知名度・実力ともにトップクラスで、彼らのことを尊敬し、経営哲学や経営手法を学んだ経営者は、規模・業種問わず大勢います。私も経営者分析、研究・調査のエッセンスとして、また、市場や潜在需要を先読みして果敢にチャレンジする姿勢など幾度となく参考にさせていただいています。

今回は、**書籍やインタビュー、直接本人から伺った話を基に3人を分析し、企業大きく伸ばす経営者に求められる本質的な要素を抽出しました。**

その数は、**永守流12、孫流25、稲盛流18の「計55」です。**

この55の観点を基準に経営者を評価していけば、成長企業を選ぶときの大きなヒントになるはずです。定性的な内容ではありますが、自分なりに組み合わせて独自のチェックポイントをつくるのもおすすめです。

それでは、永守さん、孫さん、稲盛さんと順番にポイントを見ていきましょう。

永守重信と日本電産について

歯に衣着せぬ発言ながら英姿颯爽ともいうべき存在で、〝日本一のモーレツ経営者〟の異名をとるのが永守重信氏です。その強烈な「情熱・熱意・執念」が現在の強い日本電産をつくったのは言うまでもありません。

私も20年ほど前に日本電産の本社で永守さんに初めてお話を伺って以来、永守さんの言葉に接するたびに、その熱さとエネルギーに影響を受けてきました。

日本電産は、永守さんの貯金と自身が株式投資で稼いだお金をもとに、1973年に創業されました。以降、世界的な金融不安やリーマンショック、タイ洪水、東日本大震災などの大きな危機を乗り越えて、2018年1月22日には1万8525円をつけて時価総額5兆円超。この原稿を書いている2018年12月10日時点では1万3760円、時価総額は約4・1兆円になっています。

永守さんの経営に対する想いは、次ページの上図に端的に表れているといえます。**オーガニック成長のための戦略とM&A戦略**、とりわけ**M&A戦略では高値掴みは絶対にしないという徹底的なこだわり**を見せています。同時に、M&Aのターゲットをマトリクスで明確にしています（次ページ下図）。

ＰＭＩ（M&A成立後の統合プロセス）における永守さんの買収後の基本的な方針は、「３Ｑ６Ｓ」をベースにした次の３つです。

▼経営者も従業員も代えず一緒に経営していく
▼買収する会社のブランドを残し、安心感を持ってもらう
▼再建が終わったら、支援に出した人材は引き上げる

※３Ｑとは「Quality Worker（良い社員）」「Quality Company（良い会社）」「Quality Products（良い製品）」のこと。この３Ｑを実現するために「整理」「整頓」「清潔」「清掃」「作法」「躾」の６Ｓを徹底して実行することが重要。

オーガニック成長のための戦略とM&A戦略

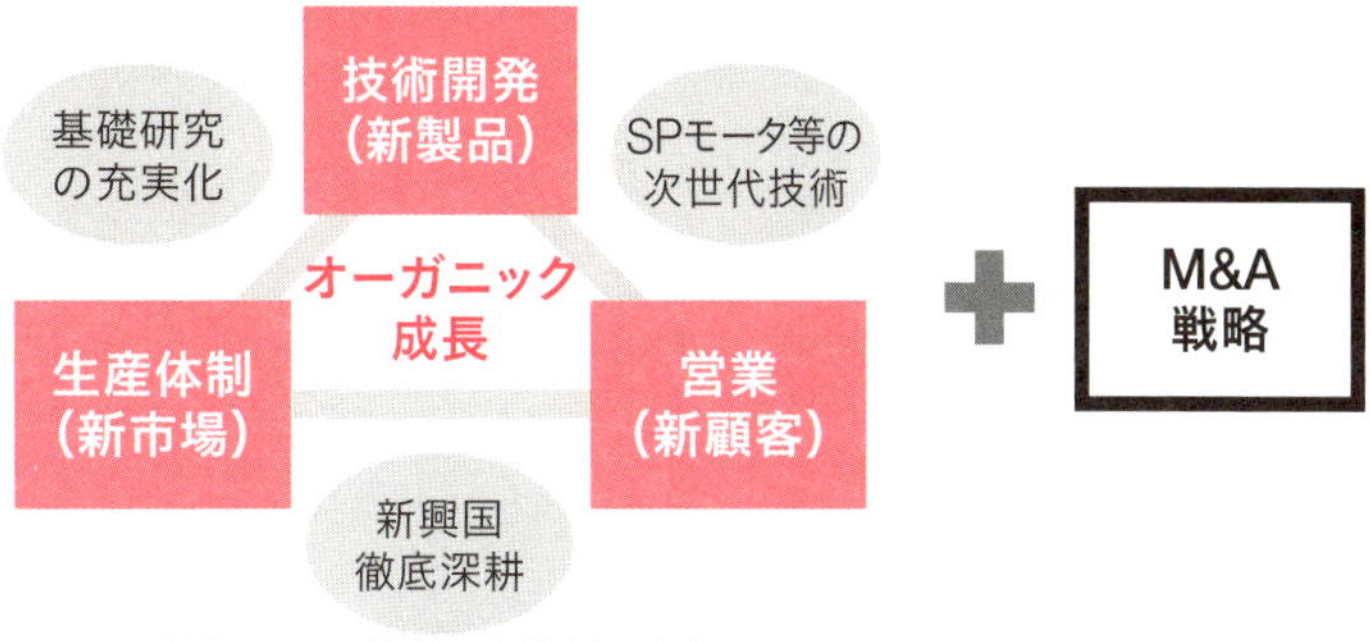

技術開発・基礎研究体制の強化
グローバル生産体制の強化
新興国市場における営業体制の強化

M&Aのターゲットをマトリクスで明確にする

車載、家電・産業用モータはM&Aを駆使

M&Aのプロセスと戦略をマトリクスで管理し、着実に遂行

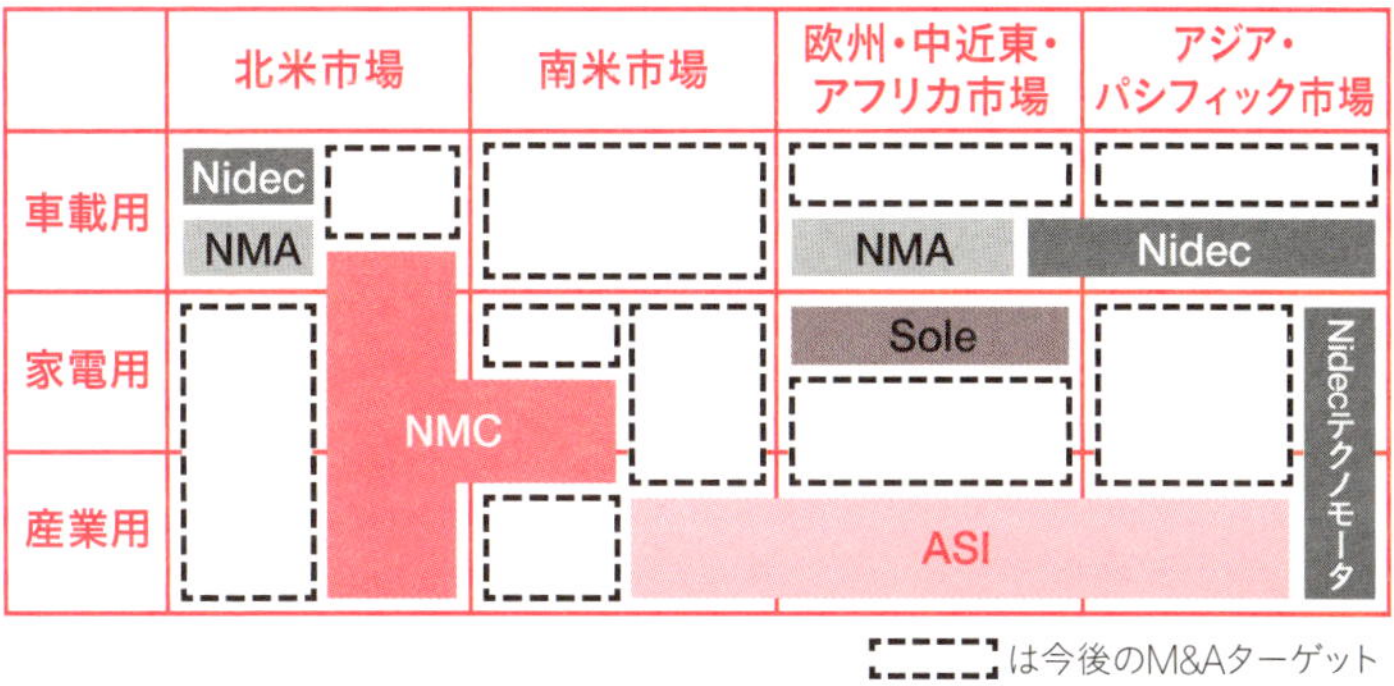

日本電産HPを基に作成

永守さんは、これをベースにして①財務価値（コスト構造を作り替えて利益）を上げ、②社員の意識と能力を高め（人材価値を上げ）、③顧客価値を上げ、④（企業評価の向上や株価上昇などの）市場価値を上げる「価値創造の輪」を継続的に回していく経営を実践されています。

それと合わせて、日本電産では3つのプロジェクトを常に走らせています。進軍ラッパや単なる精神論では人は動かないし、本気で継続してくれないからです。

1つめは**「Kプロ」**、すなわち、経費（Keihi）低減プロジェクトです。

人件費、材料・外注費を除き、事務用品費、光熱費、出張費、物流費、交際費などの経費を削減・低減する活動で、売上高1億円当たり500万円以下、経費率5％以下を目指しているとのことです。

2つめは**「Mプロ」**です。

これは「まけてもらう」（Maketemorau）プロジェクトで、調達先の絞り込みによる購入価格の低減、より安い資材への切替、設計や生産方法の見直しによる部材の削減など、調達全体の改革を指します。

3つめは**直接労務費の低減**です。

そして、これらのプロジェクトの努力や工夫を「目に見えるものに変えること」が意識や士気を高めて継続するうえでは重要です。人間は実感できないものに意欲を継続するのは難しいからです。

こうした無駄な経費の抑制や調達先への価格交渉は、どれも当たり前のことばかりです。

しかし、**それらをどれだけ愚直に徹底・継続できるかが、経営力の差、参入障壁、競争障壁となって決算短信などの財務諸表の数字に反映されるのです。**

また、永守さんの魅力の一つとして、自称**「ホラ吹き」**である点も見逃せません。

2015年3月の月期決算説明会の資料では、「ホラを夢に、夢を現実に変え、着実に成長してきた」と書かれています。

「ホラ吹き」を自認し、ホラという言葉を気に入っている永守さんですが、ホラの効用については次のように述べられています。

「経営とは夢を形にすることだ。そのためには、まず、ホラを吹くことが大事だ。それも、根拠が全くない大ボラでいい。現実が進めば、やがて中ボラになり、小ボラになり、そして夢になる。夢になったら、実現できるということだ。

ホラには人を明るくし、また言葉を口にすることで自らを実現に向け奮い立たせる力がある。私は子どものころから『社長になる』とホラを吹き、一つ一つ夢に変えて、実現してきた。ぜひ、みんなでホラを吹き、明るい国にしたい」

永守重信流・経営者に求められる12カ条

では、永守さん流の経営者の心構えと経営理念を見ていきましょう。**会社を大きく成長させる経営者には、こうした「情熱・熱意・執念」があると考えられます。**

①「すぐやる、必ずやる、出来るまでやる！」

1日は24時間、1年は365日、時間は平等。頭と同時に体を動かすこと、そして徹底的にやり切り、成果を出すまで止めないこと。

②「一番以外はビリだ！」

一流、一番、世界一を目指すから、人はついてくる。勝ち組に残れるかどうかは、全社員の意識改革、士気の高さにかかっている。

③「夢やロマンを持つことは未来を買うことである」

「情熱」「熱意」「執念」さえあれば、夢もロマンも確実に手に入るはずである。

④能力の差は5倍でも、意識の差は100倍まで広がる

自らできると信じたときには、その仕事の半分は終了している。能力よりもやる気、士気の高さ（燃える心）、強い意識。能力に差はそんなにない。

⑤ 経営改革の3Q6S＋先憂後楽の知的ハードワーキング
経営改革は、人は変えずに意識を変える。そして、3Q6S意識改革に集中する。

⑥ 幹部は、求める相手以上にストイックになれ
公私混同のない野心のある努力家、誇りのある情熱家、負けん気が強い耐心家、経営感性を持つ細心家を幹部にすべきである。

⑦ 人間は3種類、「マッチ流組織マネジメント」で会社を強くせよ
人の心に火をつけなければ、組織は動かない。
※3種類とは、「マッチを持っている人（自分から火をつけられる人、100人中3人）」「マッチの火の側にいると熱くなってくる人（100人中80人）」「マッチの火の側にいても熱さを感じることができない人（100人中17人）」。

⑧ 自分のポストを脅かす部下を育てろ
手塩にかけなければ部下は育たない。上昇志向を植えつけ、どこまで部下の個性や力を伸ばせるか、成長させられるか。公私混同がない加点主義の企業風土を。

⑨ ともに笑い、ともに泣ける関係を築け

信念と愛情に裏打ちされた厳しさがなければ、強いリーダーシップを発揮できない。

⑩ 仕事のストレスは、仕事の中でこそなくせ

それが成長と喜びを創る。仕事の報酬はさらなる満足感・充実感のあるやりがいのある仕事である。

⑪ 幹部、リーダーは「井戸掘り経営」「家計簿経営」「千切り経営」を完璧に自分のものとせよ

「井戸掘り経営」とは、井戸と経営は同様であり、経営の改革・改善のためのアイデアを常にくみ上げ続けないと出なくなってしまう。だから、くみ上げ続けること、そして、新しいこと（井戸掘り）に貪欲に挑戦し続ける姿勢が大事だという意味。

「家計簿経営」は、家庭の主婦が家計簿を見ながら収入に見合う生活（経費と投資）をするようなやりくり経営という意味。

「千切り経営」は、何か問題が起きたら、小さく切り刻んで細かい要素に分けてその

関係性などを見ながら対処していけば、難しい問題でも解決の糸口は見つかるという意味。

⑫ 経営は、方向性、哲学、イズム、同ベクトル集団化である

1日100回でも同じことをいわないと、考え方、方針は理解されない。「耳にたこができて、そのたこにまた、たこができるくらい言い続ける」、でなければ、真には伝わらない、理解されない。

永守さんは**「経営が成功するか否かの8割は経営者の責任」**といいます。

これを株式投資に当てはめれば、**「経営者をしっかりと見抜ければ、8割方投資は成功する」**といえるでしょう。

大企業にせよ、ベンチャー企業にせよ、この12の〝永守基準〟で投資先、投資候補企業の経営者をチェックしてみてはいかがでしょうか。

孫正義と「孫の二乗の兵法」について

続いて、孫正義さんから成長企業の経営者に求められるエッセンスを見ていきましょう。

孫さんとは、1990年代前半に勉強会や会合で意見交換する機会が何度もありました。当初はウィンドウズ95が出る以前のパソコン通信の時代でこれからのインターネットへの大きな可能性を感じておられるようでした。

毎回のように語られていた**「売上は豆腐の1丁（兆）2丁（兆）のように数えたい」**という話はインパクトがありましたが、そのとき話を聞いていたメンバーのほとんどは孫さんの言葉を気宇壮大な楽しい大きなホラだと感じていたと思います。

しかし、あれから四半世紀ほど経ち、孫さんは自分が言っていたことをしっかりと実現されました。

以前、孫さんが「魚が少ないところに釣り糸を垂らしても効率が悪い。効率を上げるためには、撒き餌をしなければならない」という趣旨のことを言っておられたのを覚えています。

実際そのとおりに、**魚のいるところを先見的に読み、集中し、また池（市場）を変え脱皮**し続けました。今後もますます事業を拡大していくことでしょう。

では、孫さんの鮮やかな脱皮、成長の原点はどこにあるのでしょうか。

それは、**「孫の二乗の法則（兵法）」**だと考えられます。

私は中国古典研究家でもあるのですが、ある日孫さんと話をしていたとき、孫子の兵法について意見を交わしたことがあり、私の考えと酷似していることを知りました。

この話は、ソフトバンクアカデミア特別講義（『孫正義　リーダーのための意思決定の極意』、光文社新書）で詳しく述べられているので、興味のある方はぜひご一読ください。25年ほど前に初めて伺ったときよりも進化されています。

「孫の二乗の法則」とは、「孫子の兵法＋孫正義の経営（実践）戦略＋ランチェスター

の法則」を融合させたもので、図のように**5×5の25(5の二乗)文字**で表されます。

孫さんはこの25文字を一体的に考えて経営されているそうですが、一方で「まだまだ極められていない」とも言われています。

当時の孫さんは髪の毛をかきむしりながら頭がちぎれるぐらい、「孫の二乗の法則」を基に新規事業や今後の会社の在り方について考えたと言っておられました。

孫の二乗の法則

道	天	地	将	法
頂	情	略	七	闘
一	流	攻	守	群
智	信	仁	勇	厳
風	林	火	山	海

孫正義流・経営者に求められる25カ条

それでは、「孫の二乗の法則」の25個を左上から右に流れるかたちで、一つひとつ要点を見ていきましょう。

〈理念、志〉

道（どう）

経営理念に始まり、経営理念に終わるというのが過去の偉大な経営の先達たちの到達点ですが、孫さんも同様。理念のないところに行動はない。ソフトバンクグループの理念は「情報革命で人々を幸せに」。何よりも理念、志を立てることが大切。

天（てん）

自らに与えられた「時」を活かす。天の時を得る。タイミングを考える。例えば、情報ビッグバンや第四次産業革命という絶好のタイミング・時代に生きている、など。

地（ち）

地の利を得る、地の利を活かす。天がわれわれの「地」の上にあるか否か。そのためには戦略・戦術を工夫しなければならない。

将（しょう）

志を共有する優れた将（幹部）をたくさん得る、集める。

法（ほう）

継続して勝つためのルールや仕組み、システムや方法論をつくる。

〈ビジョン〉

頂（ちょう）

己が（ビジネスで）登る山を決めよ。そして、山頂、頂上から見た景色をイメージし、ビジョン（10年後、30年後のビジョン）を明確に言い切れるようにせよ。

情（じょう）

「頂」を裏付けるものを頭がちぎれるぐらい徹底的に情報を集める。

略（りゃく）

選び抜かれた「略」だけが「頂」を実現させる。集めた情報を頭がちぎれるぐらい考え抜いて取捨選択して、選び抜き絞り込む。

七（しち）

七割の勝算があれば猛スピードで戦い、3割以上負け戦と判断したら、手遅れになる前に一気に退却する勇気が大切である（孫さんが好きな織田信長の「金ヶ崎の退き口」の撤退戦のごとく）。

闘（とう）

どんなに優れた戦略があっても闘わなければ事は成せない。闘って命がけでやり抜いてはじめて事を成すことができる。

〈戦略〉

一（いち）

圧倒的ナンバーワン戦略を取る、（業界、分野、地域などの）圧倒的ナンバーワンに徹底してこだわる。

流（りゅう）

時代の流れに乗る、時代の流れに絶対に逆らわない。

攻（こう）

営業・知識・技術・買収・新規事業などすべての分野において、誰にも負けない攻撃力を持つ。

守（しゅ）

資金繰り、キャッシュフローを特に大切にする。ガバナンス、コンプライアンスを重視し、法律を守る。攻守一体の経営を常に意識する。

群（ぐん）

300年後まで志を高く持って輝き続ける、成長し続けるための「群」の組織戦略を推進する。財閥でもない、集中戦略でもない、世界一の集合体の戦略的提携グループ、これが世界の他のグループと決定的に違う組織構造であり、目指す組織戦略である。

〈将の心構え〉

智（ち）

智とは頭がちぎれるぐらい考えて考え抜く力であり、かつ最高レベルの専門家を使いこなす力。具体的にはグローバルな交渉力、プレゼン能力、テクノロジーについての深い理解力、ファイナンスの理解と分析力。これらをすべてそなえていないと甘い。

信（しん）

信じられるに値する義を持つ。同志的結合、パートナーシップが組めるためには、信義、信念をもっていなければならないし、信用ができなければならない。

仁（じん）

すべての人びとの幸福のためにという仁愛の心（で戦わなければならない）。

勇（ゆう）

闘う勇気、退却する勇気の双方を持たなければならない。

厳（げん）

「泣いて馬謖《ばしょく》を斬る」の故事のごとく、仁愛をもった大善をなす鬼とならなければならないときもある。

〈戦術〉

風（ふう）

風のように素早く実行する。

林（りん）

大切な交渉は、極秘裏に誰にも悟られないように情報管理を徹底して「林」のように静かに極秘裏に行う。

火（か）

いざ動くというときには怒濤《どとう》の「火」のごとく断固としてやり抜く。

山（ざん）

動かないときは大山のごとく微動だにしない。

海（かい）

戦いが終われば、大きな海のようにすべてを呑み込み大らかに包み込んで平和な状態にまで持っていく。そのようにして、はじめて戦いは完結する。

この25字は、成長企業の経営者に必要な要諦を的確に表しています。

この25字の視点でチェックするというのは、企業を評価し投資するうえで大きなヒントになるはずです。

稲盛和夫の経営哲学について

永守さん、孫さんに続き、3人目は稲盛和夫さんです。
稲盛さんは「平成の経営の神様」ともいわれている日本有数の名経営者で、近年はJALの見事な再生でも著名です。

かつて私は稲盛さんから直接、経営に関するご指導を長年いただき、稲盛さんのフィロソフィや経営手法など、学んだ数多のことを自身の糧として今も大いに生かしています。

前に書いたように、私はこれまで3000人以上の経営者にお会いしてきました。仕事や勉強会を通じて出会った方々は、メーカー、流通、サービス、IT系などの業種の創業者、2代目、3代目経営者など、業種や経営者としての経歴はさまざまです。

その際に、比較の中心の基準となったのが稲盛さんです。

「稲盛さんと比較してこの方はどうなのだろう……?」とその力量や企業の成長性、発展力、理念経営度などを考えていました。

その軸となった基準のエッセンスが、京セラの経営理念の「全従業員の物心両面の幸福を追求すると同時に、人類、社会の進歩発展に貢献すること」を根幹にした**人生・仕事の成功方程式**(「考え方」×「熱意」×「能力」)と**「経営12カ条」**です。詳しくは拙著『図解 稲盛和夫の経営早わかり』(KADOKAWA)、『稲盛和夫と中村天風』(プレジデント社)などをご覧いただければ幸いです。ここでは、よりチェックポイントとして活用しやすくするために表現を疑問形にアレンジしています。

稲盛さんは、「時代や環境がどう変わろうと、事業を成功させるために必要な事柄がいくつかある」「この項目をすべて実行できれば、京セラくらいの経営は誰にでもできる」と述べられています。

この稲盛さんの経営12カ条は、永守さん、孫さん同様、投資先や投資候補企業の経営者を見極めるヒントとして活用できるはずです。

稲盛和夫流・経営者に求められる12カ条

①「事業の目的、意義を明確にする」経営ができているか

経営者は、公明正大で大義名分のある目的を立てる必要がある。簡単に達成できる目的ではすぐに本人が満足してしまう。人が成長するには、「高い目的」が必要である。この第1条は、方程式の「考え方」に相当する。

②「目標を明確に立てる」経営ができているか

立てた目標は、常に従業員と共有する。売上であれば「今期はいくら、来期はいくら」と「具体的でわかりやすい数字」で目標をはっきりさせることが大切。

③「強烈な願望を心に抱く」経営ができているか

ビジネスに携わる者は、「潜在意識に透徹するほどの強く持続した願望」を持つべ

きである。「立てた目標を、どうしても実現したい」という思いを願望に変えていくこと。この項目は、方程式の「熱意」のあらわれといえる。

④「誰にも負けない努力をする」経営ができているか

結果を出すには、努力以外に方法はない。どれほど偉大な仕事でも、地味な一歩一歩の積み上げである。「誰にも負けない努力」の目安は、「1年間で5000時間、心を込めてど真剣に働く」こと。方程式の「熱意」に相当する。

⑤「売上を最大限に伸ばし、経費を最小限に」する経営ができているか

乾いた雑巾をしぼるように「しぼりきって、しぼりきってムダをなくす」のが、収益を出す基本。経費の明細が部門ごと、事業部ごとに、毎月、短時間で出るシステムが必要である。企業の成長が止まってしまうのは管理会計手法が整っていないからである。

⑥「値決めは経営なり」が徹底できているか

値決めはトップの仕事。「お客様も喜び、自分も儲かる最大値ギリギリのところ」

に値段を設定する。どんなに厳しい環境にあっても、勝ち残らなければならない。そのためには、値決めが重要。値決めは「経営そのもの」である。

⑦「経営は強い意志で決まる」が徹底できているか

意志の弱い人に、経営はできない。「こうありたい」と思ったら、「何がなんでもそれを実行する」という強烈な意志が必要である。

⑧「激しい闘魂を持つ」経営ができているか

人が良すぎて喧嘩ができない人は、経営者には向いていない。なぜなら、経営は「格闘技」と同じだから。弱肉強食の世界で勝負をするには、闘志、闘魂が必要である。

⑨「勇気を持ってことに当たる」経営ができているか

仕事を進めていくなかで、トップや上司に卑怯な振る舞いがあってはいけない。卑屈な振る舞いをする人がいると、その集団が混乱する。逆境であれ、決して逃げ出さない「勇気」がなければ、正しい判断はできない。

⑩「常に創造的な仕事をする」経営ができているか

今日よりは明日、明日よりは明後日と、「常に改良改善を絶え間なく続ける。創意工夫を重ねる」こと。地道で生真面目な努力の積み重ねによってしか、企業を成長させることはできない。

⑪「思いやりの心で誠実に」経営ができているか

商いには相手がいる。「相手を含めて、ハッピーであること。皆が喜ぶこと」をするのが経営である。取引先、従業員、地域社会、お客様、そのすべてが喜ぶようにしなければならない。この項目は、方程式の「考え方」のあらわれ。

⑫「常に明るく前向きに、夢と希望を抱いて素直な心で」経営ができているか

経営者はいかなる状況に身を置こうと、常に「明るく、前向き」でなければいけない。「激しい闘魂」「燃える闘魂」を持ちながらも悲愴感は漂わせないことが大切である。

また、次に挙げるのは、「経営者が心を高め経営を伸ばす」ために稲盛さんが大切に考えられている【6つの精進】です。著名な投資家であり事業家のウォーレン・バフェット氏は「人間の主要資産が自分自身だとすれば、必要なのは心身の維持と強化だ」と述べられていますが、同趣旨だろうと考えています。

【6つの精進】

①誰にも負けない努力をする
②謙虚にして驕らず
③反省のある毎日を送る
④生きていることに感謝する
⑤善行、利他行を積む
⑥感性的な悩みはしない

以上、〝永守流12、孫流25、稲盛流18（12＋6）〟の計55の観点から経営者を見るポイントを解説しました。この3人は創業経営者ですが、それ以外の企業経営者についてもポイントは同様です。これらを基に比較分析していけば、企業を大きく伸ばせる経営者か否かを判断するヒントとなるでしょう。

投資家でも絶対に知っておくべき4つの戦略論

経営戦略とは、一言でいえば**「選ばれる企業」**になるための**「儲かる戦い方」**です。

経営者は、経営資源を投入することで競合との戦いに勝利しなくてはなりません。そのためには、「売上・利益を伸ばす」「コストを下げる」「合理的・効率的経営を行う」「社員が働きがい・やりがいを持てる会社をつくる」などが求められます。

また、実際の経営では、マクロ的な環境要因を**「PESTLE分析」**するのが一般的です。PESTLE分析とは、Political（政治的）、Economical（経済的）、Social（社会的）、Technological（技術的）、Legal（法規制）、Environmental（環境）の略称で、市場環境に影響を与える6つの主な要因を戦略のベースとして分析することです。

最近では、ＥＳＧ（環境、社会、企業統治）の観点やＳＤＧｓ（Sustainable Development Goals の略称、持続可能な開発目標）にもきめ細かく気を配りながら確実に実現していかなければなりません。現在、ＳＤＧｓ経営にはＡＮＡやオムロン、東京エレクトロンなど多くの上場企業が取り組んでいます。

そうした点を踏まえて、ここでは投資家であっても必ず押さえておくべきという戦略論を紹介していきます。

戦略論①

「競争戦略」

企業には競合に勝利するための競争戦略が何より求められます。目指すは、「儲ける戦い方」ではなく「儲かる戦い方」です。そのヒントとなるのがマイケル・E・ポーターの主著の『競争の戦略』（ダイヤモンド社、１９８２年）です。

一般的に「競争の戦略」というと、競争戦略の概念論のように思われがちですが、この本で述べられているのは、むしろ**業界や競合他社について交渉力なども含めて分**

析する技術的な方法です。

そのうち代表的な手法が「**ファイブ・フォース（5つの力の競争要因）」分析**と「**3つの基本戦略」の計8つ**ということになります。

ファイブ・フォースから競争環境と交渉力を見抜く

企業の競争要因には、「新規参入業者」「競争業者」「代替品」「供給業者（売り手）」「買い手」の5つがあり、それぞれの圧力のかかり具合から、その企業の「競争環境」が決まるとされています。

ここでのポイントは、**新規参入業者や競争業者だけでなく、売り手や買い手の圧力も競争要因や交渉力要因ととらえ、分析すべきとしている点です。**

それを踏まえて、5つの要因ごとに防御可能な地位をつくり出すことが大切になります。具体的な策としては、「業界の競争環境に自社の長所や短所を適応させて最良のポジションをつくる」「競争要因のバランスに努める」「変化をうまく利用する」な

ファイブ・フォース分析の5つの要因

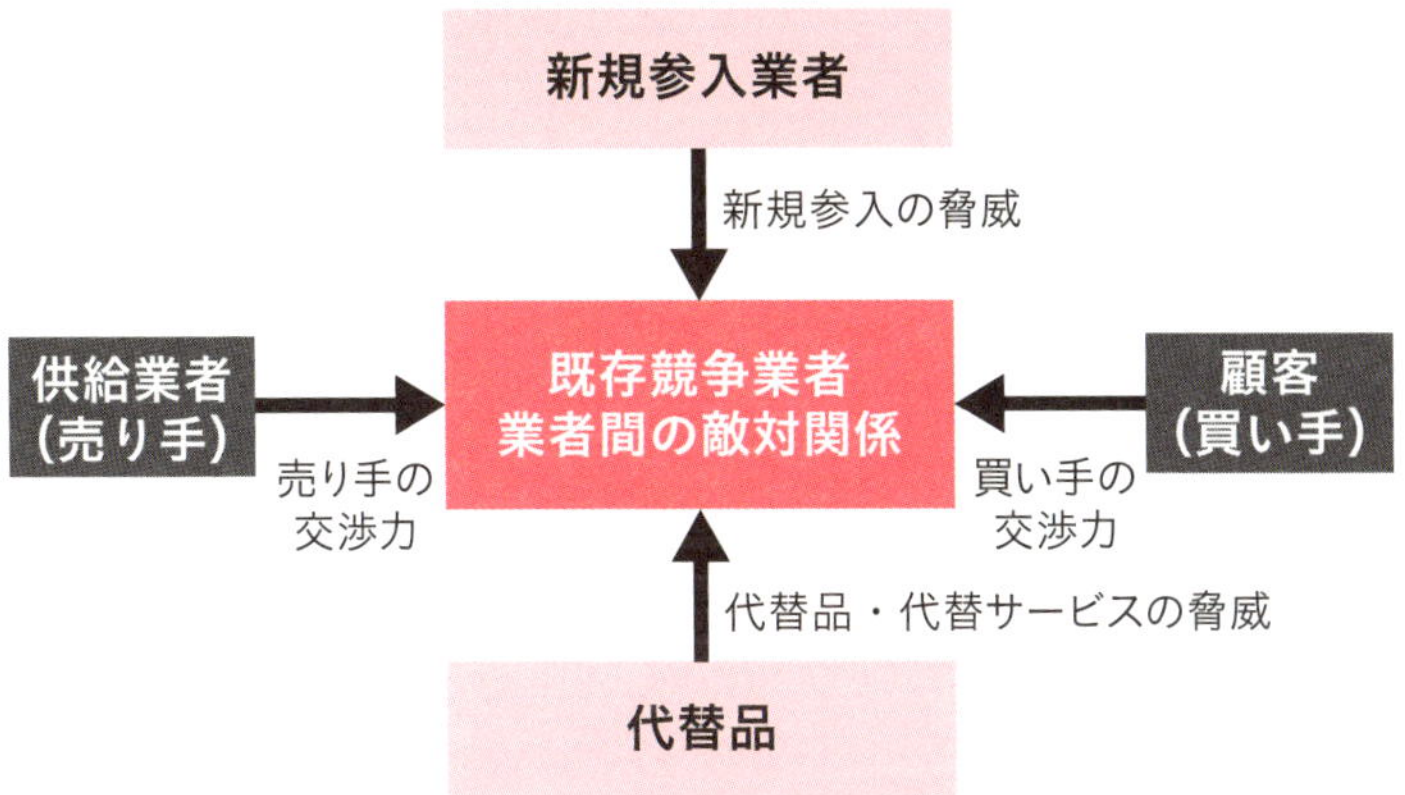

大戸屋のファイブ・フォース分析

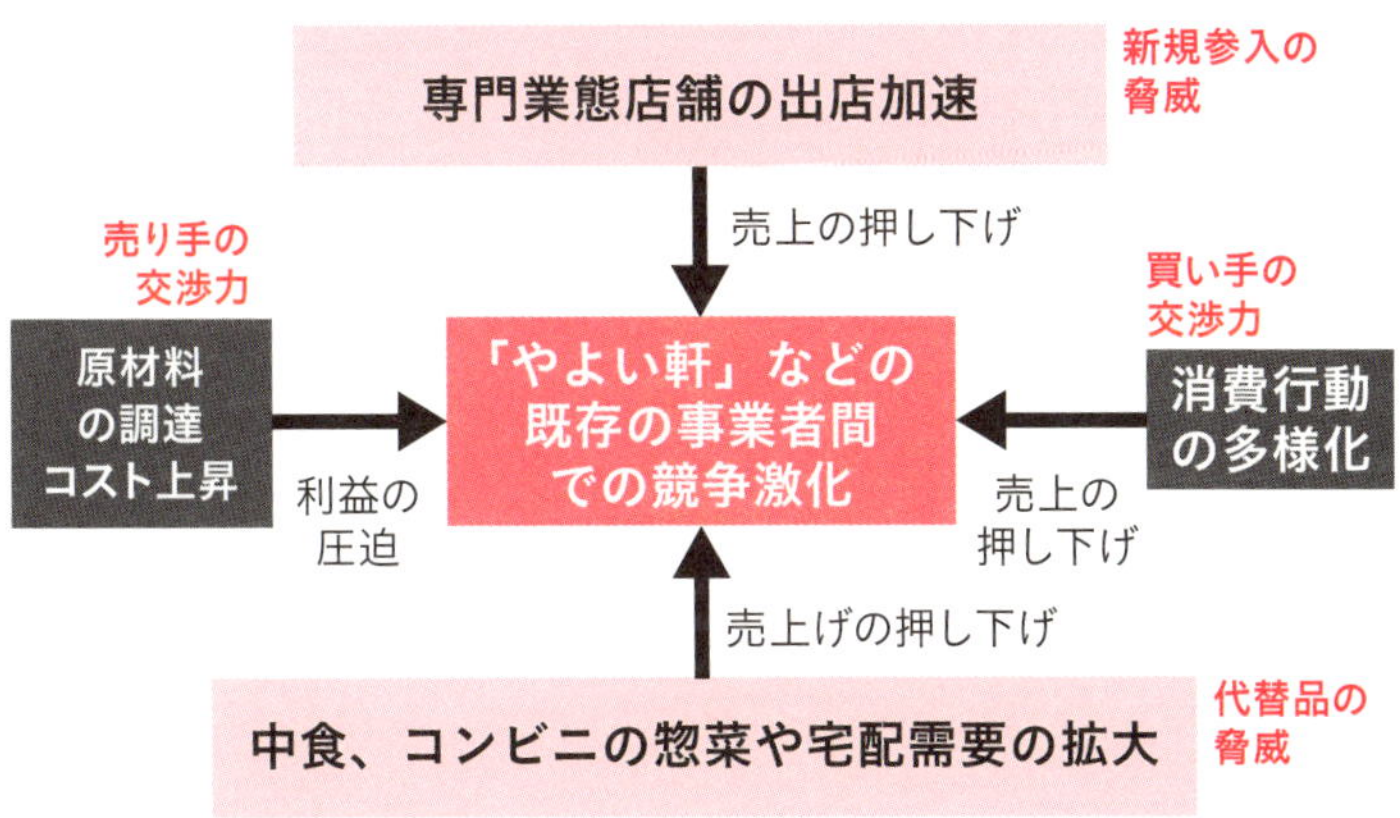

どです。今では当たり前になっていて、現在では最低限このファイブ・フォースぐらいは、経営者は常に考えておくことが求められます。

ちなみに、ひと言に「競争」といっても、意味合いがまったく異なったりする場合があります。古くは敵を倒し、戦争に勝つことが競争であり、そのため奇襲や挟み撃ち、絨毯爆撃、寝返りや裏切りなどが戦略・戦術（戦法）でした。

しかし、ポーターの語る競争戦略は、ライバル他社を叩きつぶしてしまうといった思考ではなく、あくまで**「最良のポジションをとる」「バランスを保つ」**といったいわば静的な勝つための戦略といえます。

攻撃と防御についても、重要なのは、最良のポジションをとり、長期的に高収益を上げ続ける優位性を保つために、「参入障壁」を築くというスタンスなのです。前ページの下図では、参考として大戸屋のファイブ・フォースを紹介しています。

3つの基本戦略で参入を防ぐ

ファイブ・フォース分析の結果、長期的に優位に立つために、ポーターは次の**3つの基本戦略**を掲げています。

① コスト・リーダーシップ戦略

低コストを最大の武器とする戦略。いわゆる**「強者（王者）の戦略」**です。マクドナルドの低価格戦略やユニクロ、ニトリ、ヤマダ電機、かつ丼チェーンのかつや、サイゼリアなどもこの例といえるでしょう。これが確立して磨き続けられていると、持続的な成長は有望といえるでしょう。

競合企業よりも顧客が「安い！」「お買い得だ！」と思えるような、安く生産、販売できるコスト構造の企業（店舗）かどうかが「コスト・リーダーシップ戦略」に該当するか否かの判断基準です。

次項の「差別化戦略」でも事例の一つとして紹介しているオーケーストアーは、家計をあずかる多くの主婦が競合よりも圧倒的に安い、お値打ち感があると思っていますので、こちらにも該当します。勝ち残っている優れた企業は、この両方の戦略に該当する場合がかなり多いといえるでしょう。

② 差別化戦略

他の企業が持たない特徴（技術、製品、サービスなど）を活かし、業界内で特異な地位を占める戦略です。世界的には、アップルが最右翼の一社ですが、実はさまざまな企業がそれぞれのレベルでこの戦略を行っています。

例えば、マクドナルドに対してはモスバーガーがこの一例で、この場合は**「弱者の戦略」**ともいえます。落ち着いた店内で差別化を図っているスターバックスコーヒーやスーパーのオーケーストアの低価格戦略などもこの差別化の範疇の例といえるでしょう。

③ 集中戦略

特定の地域やターゲットに経営資源を集中する戦略です。

この戦略でグローバル的に著名なのがＭＰＵに集中したインテルです。国内では、北海道エリアに集中しているセイコーマートなどがこの戦略を採用しています。

また、**第1章、第2章で取り上げている日進工具やプレミアグループはこの戦略を採用しているといえるでしょう。**

戦略論❷

「マーケティングの4P理論」

フィリップ・コトラーは、マーケティングを「利益に結びつく顧客を見出し、維持し、育てる科学であり、技能である」と定義づけています。

では、その科学的な技能（手法）とはどのようなものなのでしょうか。

その代表例として**「R・STP・MM・I・C」**というプロセスを紹介します。

私はこの5つを、マーケティング戦略を検討する際の**マーケティングキャンバス**（MC）にも193ページのモノタロウのように反映させて活用しています。

① R：リサーチ（調査）

市場や市場での顧客の購入動機、購入後の不満などを調査するとともに、「こんなものがあればいいのに」といった商品やサービスへの願望を調査することです。

②　ＳＴＰ：セグメンテーション（区分）、ターゲティング（目標化）、ポジショニング（差別化）

ＳＴＰは独立して、一つの理論として語られることも多いです。ＳＴＰとは、顧客を区分して選び、いちばん良好な関係が築ける顧客にターゲットを絞り、他社や他の商品との差別化を明確に打ち出していくことです。

③　ＭＭ：マーケティング・ミックス

これもＳＴＰ理論と同様に、**「４つのＰ（４Ｐ）」**として知られています。４つのＰとは、製品・商品（Product→顧客価値）、価格（Price→顧客コスト）、場所・流通（Place→利便性）、販売促進（Promotion→コミュニケーション）です。

つまり、差別化を図った自社の製品を、顧客（カスタマー）により理解してもらえるように製品をまとめ上げ、価格設定を行い、流通チャネルを選定し、販促をかけていく、ということです。

そしてそれぞれ、製品（商品、サービス）戦略、価格戦略、流通戦略、プロモーション戦略につながっていくことになります。

4Pを活用したモノタロウ(3064)のマーケティングキャンバス

R:業界・市場動向、業界の特徴、PESTLE分析などは?

①ネット通販志向
②(モノタロウ登場以前)間接資材を調達するには業者に問い合わせるかカタログから探すのが通常の流れであった。加えて、単価は注文個数によって変動するという、中小企業にとっては非常に不利な状況が業界の慣習となっていた。

R:事業の特徴、プロダクトライフサイクルと自社ポジション(の変化)、競合状況、ブランドの状況などは?

・間接資材の卸で成熟期のチャレンジャー
・競合は既存の間接資材の卸問屋やホームセンター

STP&企業(事業)戦略は?(目的、Who、What、How、などを踏まえて)

目的 :現場を支えること
Who :メインターゲットは現場を抱える中小企業事業者
What :工具などの備品や消耗品などの間接資材
How :「安く早く届ける」を徹底

MM・4Pなど:マーケティング上の優れた点、特筆すべき強みや特徴などは?

①Amazonのビジネスモデルを間接資材の分野に持ち込み、「間接資材のAmazon」のネット通販
②流通を効率化して手間を省き、あらゆる間接資材をECサイトで一括購入できる仕組みを構築
③1商材につき何十種類ものブランドを揃える
④在庫がある商品に関しては、平日の15時までに注文すれば当日出荷するというサービスを展開
⑤安さよりも豊富な在庫で、商品が翌日届く安心感を訴える。価格の目安は、お客様に納得してもらえるかが基準
⑥当日出荷の商品だけを集めた分厚いカタログの発行
⑦2006年には個人消費者向けECサイト「IHC.MonotaRO」も展開など。

I:差別化、イノベーション、顧客満足・感動は?

①既存の事象(従来型の工具などの間接資材の卸小売)を顧客ベネフィット、顧客満足の視点から掘り起こし、意味を付与したイノベーションである。
②間接資材は直接資材より経費としての金額は少ない割に品目数が多く、商品分類ごとに仕入れ先も異なるため、購入に手間がかかる。他方、大量にまとめ買いをする大企業には安く、小口購入の中小企業には相対的に高く、しかも中小企業向けは納品も後回しで日数がかかった。このような中小企業と間接資材のマイナス要因を他社との差別化(強み)、プラスに転化。価格は発注規模に関係なくワンプライス、ネットなどでワンストップ的に簡単に注文ができ、ねじ1本からでも早く届けるなどの点も顧客心理をついている。

C:今後の成長戦略やより強い企業になるには?

①データサイエンスに基づくマーケティング力強化によりビジネスモデル、プラットホームをさらに磨く
②顧客ベースの拡大
③既存顧客向け売上拡大
④大企業との連携
⑤中国での事業展開
⑥物流センターの稼働率の向上と品切れ防止による出荷率の向上
⑦販管費と物流コストの削減

4P分析

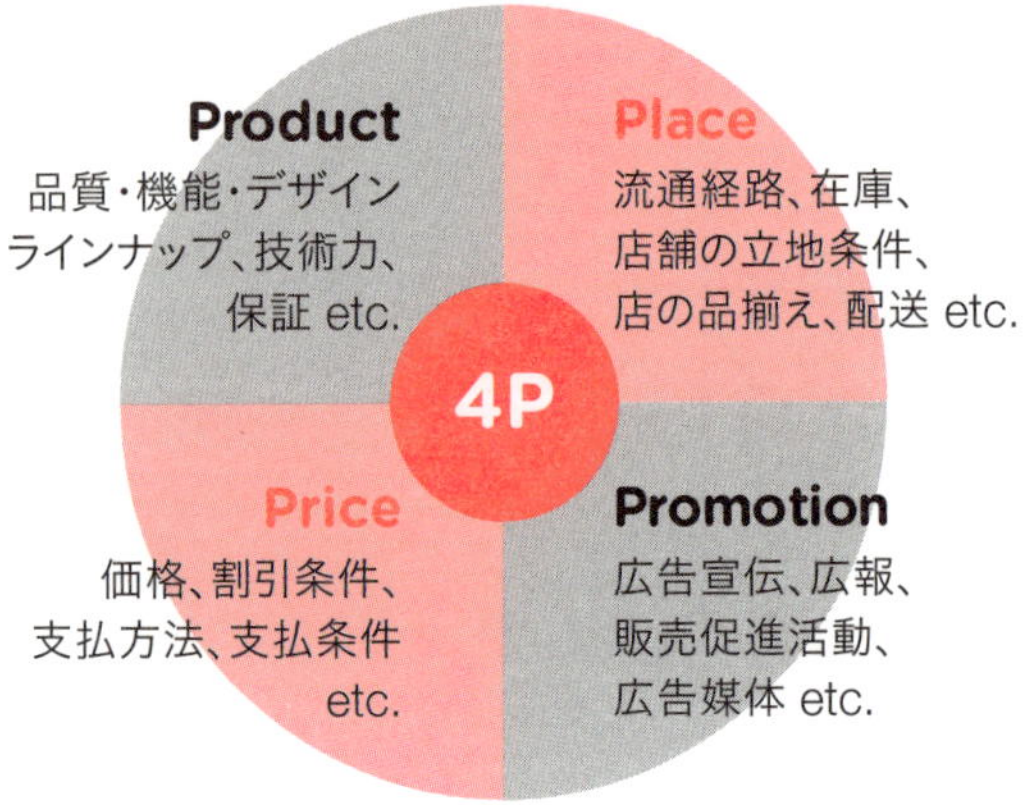

ただ、4つのPは「マーケティング・ミックス」と表現されるように、一つに絞られるものではありません。それぞれの要素を組み合わせることによって、複数の4P設計図ができ上がるといえるでしょう。

④ I：インプリメンテーション（実装・実施）

Iとは、インプリメンテーション(implementation)。IT用語としてはさまざまな部品などを実装することをいいます。マーケティング・ミックスの段階で設計した4つのPを実装して、顧客に向けて販売していく段階です。

⑤ C：コントロール（管理）

実装・実施された4つのPを市場や顧客がどのように受け取り、購買に結びついているかどうかを判断・評価し、必要な改善を加えていくことを意味します。

この5つのステップはプロセスであり、またサイクルです。

すなわち、5つのステップを踏めば〝上がり〟というわけではなく、「C」の部分で満足する結果が得られなかったら（仮に得られたとしても）、「R」の段階に戻り、**自社のポジショニングマップ**を意識しながら自社と顧客がよりよい関係を築けるようにサイクルを回し続けていかなければなりません。

戦略論❸ 「イノベーションの7つの機会」

企業が成長するかどうか、また、企業をどうすれば成長させられるのかを考えるヒントとして私が意識しているのが、『イノベーションと企業家精神』（ドラッカー著、ダイヤモンド社、1985年）で示されている**「7つの機会」という戦略機会論**です。

【7つの機会】

① 自らの組織と競争相手における予期せぬ成功と予期せぬ失敗
② 市場、プロセス、製品、サービスにおけるギャップ
③ プロセス、製品、サービスにおけるイノベーション
④ 産業構造と市場構造における変化
⑤ 人口構造における変化
⑥ 考え方、価値観、知覚、空気、意味合いにおける変化
⑦ 知識と技術における変化

これらの詳細は『イノベーションと企業家精神』に書かれていますが、このような着眼点、観点で未来の見えざる市場やイノベーションを考えて、経営者、企業がビジネスモデルを練り、しっかり実行、実践していれば、将来成長企業になる（あるいは、成長が持続する企業になる）可能性が高いといえるでしょう。

例えば、ソフトバンクの孫社長が1990年代の初めにインターネットにかけるといってさまざまなインターネット事業に果敢にチャレンジしたのは、【7つの機会】

を巧みに活かせる構想や自信があったからではないか、と考えられます。

また、②、③、⑥、⑦が関連する製品やサービスの事例としては、お湯を入れるだけで簡単に食べられるチキンラーメンやカップヌードル、ウォークマン、宅急便、Suica（スイカ）、スマホ、メルカリなどが挙げられます。孫さんもこれらの戦略機会を大変上手に活用してインターネットビジネスをコアに大きく発展されてきたといえるでしょう。

②、③、⑥では、ブックオフ、ハードオフ、大戸屋などが例として挙げられます。

①の予期せぬ失敗で有名なのが、３Ｍのポストイットのエピソードです。本来しっかりとくっついていてほしいのに、ノリが弱くすぐにはがれてしまうような当初は失敗商品でした。ここで失敗だと捨ててしまえば終わりですが、３Ｍはこのノリの特性を何か別の製品に使えないかを考えた結果、いわば逆転の発想で、ポストイットが生まれました。

②ではエムスリー、カーサ、弁護士ドットコム、オイシックス・ラ・大地などの企業が該当します。

⑤では高齢化社会へ対応したさまざまなビジネス企業（例えば介護関連ビジネスなど）がその好例といえるでしょう。

戦略論④

「PPM分析」

ボストン・コンサルティング・グループ（BCG）で著名なのが、**4分割（象限）分析を活用したPPM**（プロダクト・ポートフォリオ・マネジメント）です。私も若い頃に勉強会等で習い、製品（商品）や事業がどのような状況にあるか、どういうふうに今後展開していくかなどを考え検討するツールとして今もよく活用していますシンプルですが、ふと立ち止まって考えるときに有効です。

PPMでは、横軸を市場シェアとして、縦軸を市場の成長率とします（201ページ図）。そこで4分割された領域を次のように名づけています。

①　金のなる木……市場シェアは高いが、市場の成長率は低い分野
②　負け犬……市場シェア、市場成長率ともに低い分野
③　問題児（クエスチョン）……市場成長率は高いが、市場シェアは低い分野

④　花形（スター）……市場成長率が高く、市場シェアも高い分野

　このＰＰＭの経営戦略上の活用法はさまざまですが、うまく活用できるかどうかは**経営者の手腕次第**です。

　②負け犬や③問題児の分野と商品から撤退することも一つの戦略です。これは「選択と集中」ととらえることもできます。

　他方、問題児の分野・商品をどうやったらスターの分野・商品にできるか、と考えるフレームとしても活用でき、そこに成長戦略が生まれるということもあります。

　自社の商品だけをスターにする場合と市場そのものをスターに育てていく場合など、それぞれの企業が置かれた立場や環境などによって戦略も変わってくることになるでしょう。例えば、富士フイルムや信越化学などはそれをうまく実践したケースといえます。

　また、私が多くのことを学ばせていただいた経営の神様と称される松下幸之助さんが創業されたパナソニックを例に考えてみましょう。

　パナソニックは携帯電話事業から２０１４年に撤退していますが、ＰＰＭ分析でい

えば、日本企業は後れを取っていましたので、「負け犬」の分類の事業だったといえます。「問題児」は何かと考えると、液晶テレビ事業などは他社の後塵を拝しているのでそのようにもいえるでしょう。

他方、リチウム電池事業などは大きなシェアを持っていますので、「金のなる木」になります。「花形」は何かと考えると、高い成長性があり高シェアのＤＶＤ・ブルーレイ事業が当てはまるでしょう。

また、ソフトバンクグループでいえば、携帯電話・スマホ事業を核とするソフトバンクは「金のなる木」といえます。

ただ、企業を成長させていくには新規事業等にチャレンジして育てていかなければなりません。新規事業は当初は「問題児」か「負け犬」に分類、位置づけられる可能性が高いでしょう。大きな期待はあっても、「花形」や「金のなる木」に最初からなることはほぼないのです。

このように、先見性や考え方、経営哲学が経営者には大変重要ですし、また強く求められます。

今大きく花が開いている東レの炭素繊維事業を見れば、その辺の考え方の重要性が

PPMにおける4分割とは？

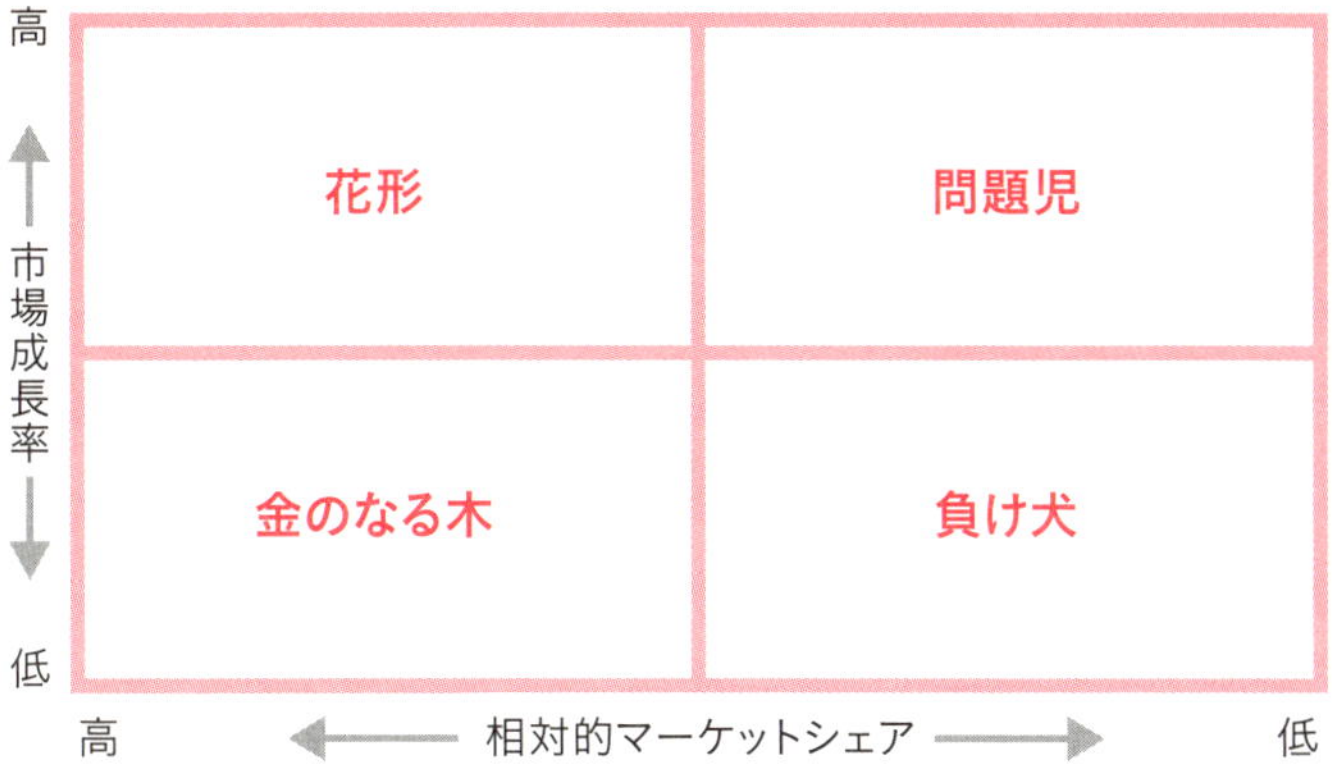

見て取れます。ホンダの航空機事業（ホンダジェット）なども同様です。

PPMフレームワークで単にプロットし、短期的・静的に考えると「問題児」か「負け犬」に分類されたとしても、未来の見えざる市場の成長性や【7つの機会】を考えながら、総合的判断をして決断力をもって経営を進めていくことが何より重要といえるでしょう。

以上、私が特に考えている主な経営戦略の視点をまとめました。同じ視点で企業を見ていただくと、成長企業を選ぶときのヒントにもなるのではないでしょうか。

ビジネスモデルを見極める3つのツール

ビジネスモデルとは何か？

さて、経営者、経営戦略に続いて、最後にビジネスモデルの話をしましょう。

ビジネスモデルという言葉を私たちはふだん何気なく使っていますが、あらためて意味を問われると、「よくわからない」という人も多いのではないでしょうか。

慶應義塾大学の國領二郎教授は著書『オープン・アーキテクチャ戦略』（ダイヤモンド社、1999年）のなかで、ビジネスモデルの仕組みを次の4つに分けて定義しています。

▼誰にどのような価値を提供するか、

▼そのために経営資源をどのように組み合わせ、その経営資源をどのように調整し、

▼パートナーや顧客とのコミュニケーションをどのように行い、

▼いかなる流通経路と価格体系のもとで届けるか、というビジネスのデザインについての設計思想

ビジネスモデル（儲かる仕組み）のポイントは「この仕組みが長続きするかどうか」「継続的に高い利益を出し続けられるかどうか」「どれだけ（競合等に比し）強いのか」という点です。

これは**技術や製品の場合も同様**です。その点を常に意識しながら、経営側も経営をしているわけです。

この3つのポイントを見極める際によく使われるのが、バリューチェーン、ビジネスモデルキャンバス（BMC）、バリュープロポジションキャンバス（VPC）、ポジ

ショニングマップ、マーケティングキャンバス（MC）です。

今回は、この5つのツールのうち**バリューチェーン、ビジネスモデルキャンバス（BMC）、バリュープロポジションキャンバス（VPC）**を紹介します。

この3つは投資先企業、投資候補企業を多角的に分析したいときに大いに参考になります。

ツール❶

「バリューチェーン」

バリューチェーンは、**マイケル・E・ポーターの『競争優位の戦略』**（ダイヤモンド社、1985年）という本の中で初めて登場しました（次ページ図）。

バリューチェーンは**お客さまに価値を提供する流れを意味します。**

似たような言葉の「サプライチェーン」が**製品や商品を供給する流れ**を意味するの

バリューチェーン

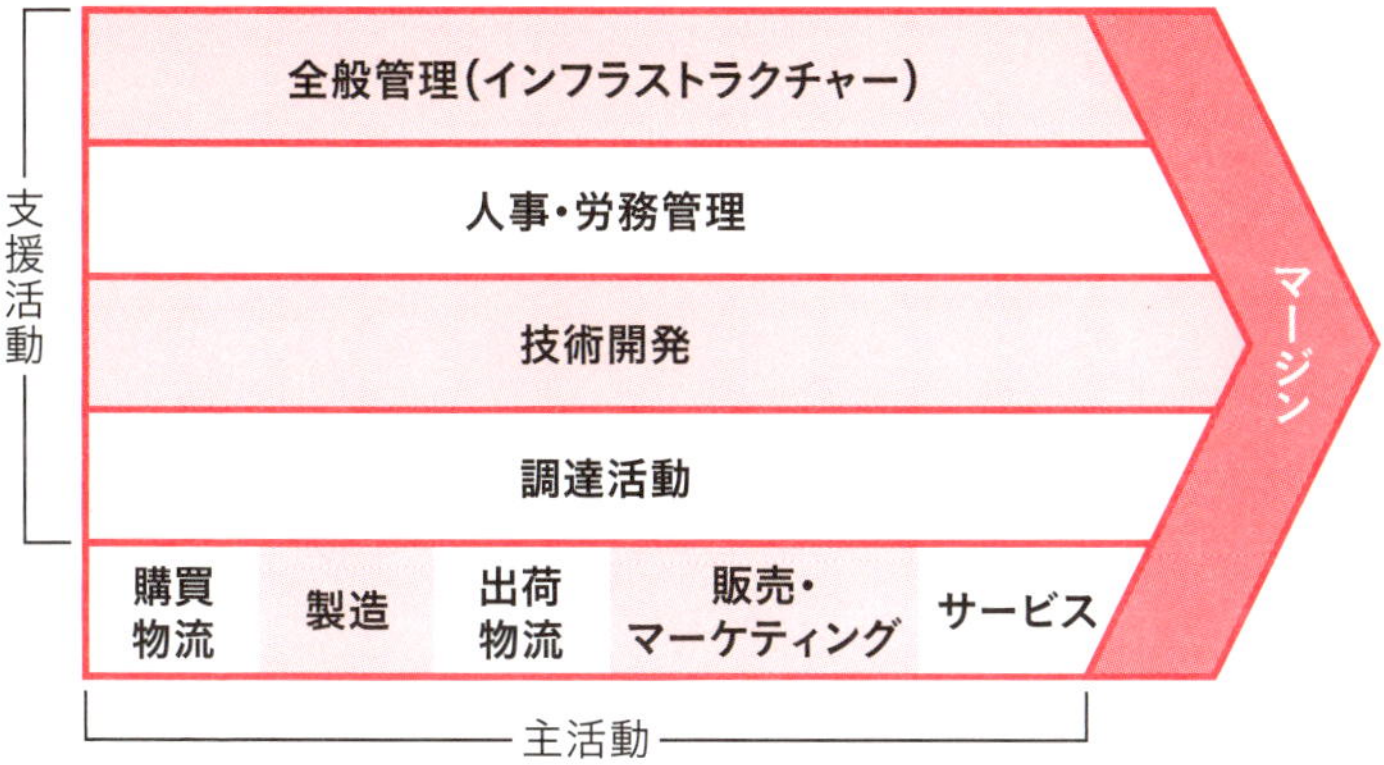

マイケル・E・ポーター『競争優位の戦略』(ダイヤモンド社、1985年)を基に作成

に対し、バリューチェーン分析とは、**「どこでその企業の価値が生まれるのか?」**の分析です。

このフレームワークの中の一つひとつの箇所に企業の状況を書き込むと、その企業(それぞれのプロセスの)強み、弱み、競合との関係、コストの状況、今後の強化すべき方向性も見えてきます。

投資(候補)先の大まかな構造やビジネスモデルを考えるうえでは非常に役立つツールです。

バリューチェーンの理論は、

①主活動……商品がお客様に届くまで

の流れをつくる活動（主として、購買物流、オペレーション・製造、出荷物流、マーケティング、販売（営業）、サービス）

②支援活動……商品を届ける流れを支える活動（主として、企業インフラ〈会社基盤、全般管理〉、人材マネジメント〈人的資源管理・人事労務管理〉、技術開発、原材料などの調達）

この2つを一連の価値（バリュー）の連鎖（チェーン）としてとらえ、それぞれの（矢印の方向性の）プロセスにおいて、製品に価値を加えていくという考え方です。

そして、「売上ｰ（主活動及び支援活動のコスト）＝利益（マージン）」ですので、バリューチェーンの一番右（いわば最下流）に**利益（マージン）**が位置づけられるというわけです。

具体的なケースで見ていきましょう。

例えば、セイコーエプソンでは、バリューチェーンを次ページのように図解して表現しています。

利益（マージン）の部分は省略されていますが、バリューチェーンを自社に合わせ

セイコーエプソンにおけるバリューチェン

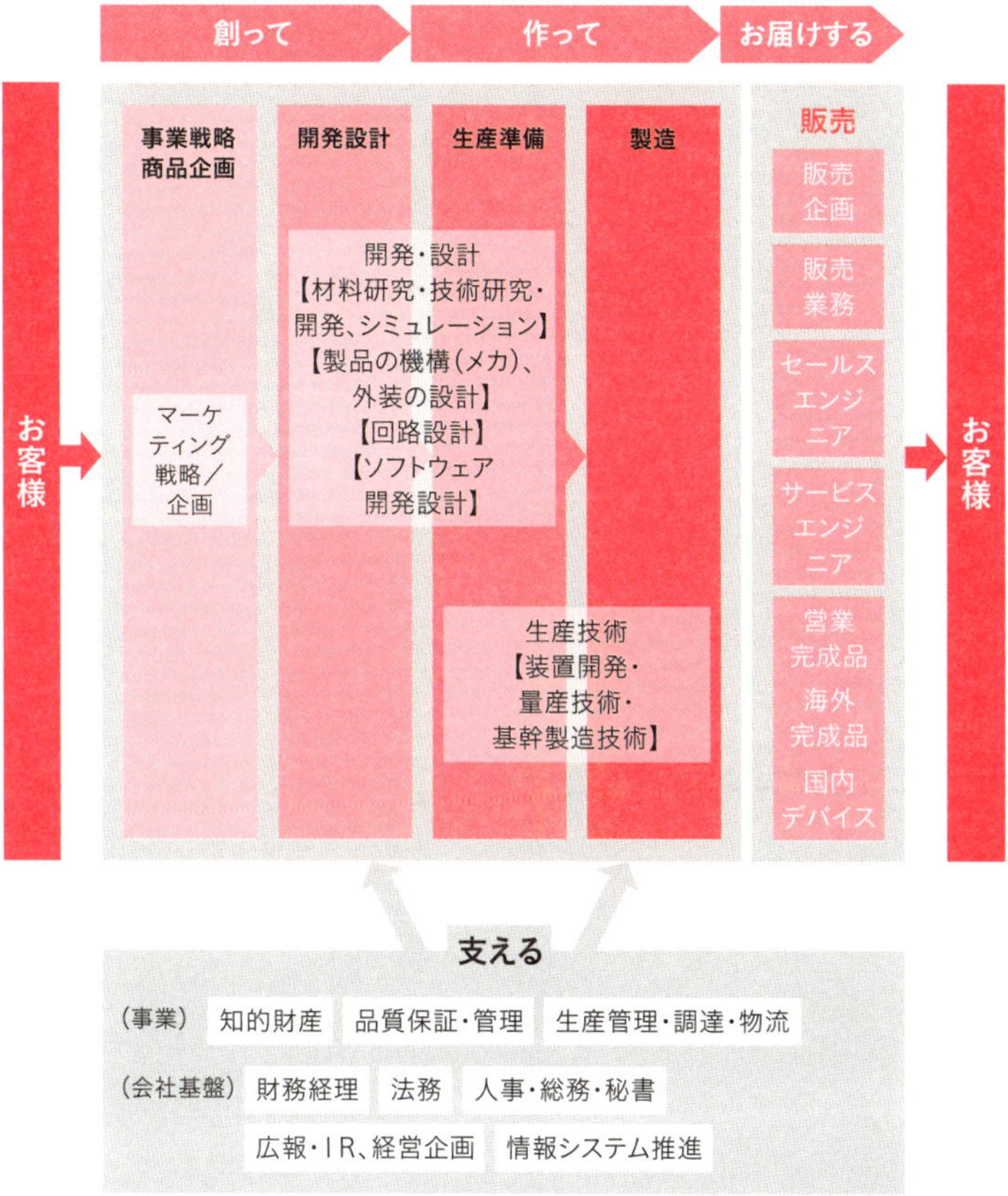

セイコーエプソンHPを基に作成

た応用形です。セイコーエプソン社の経営者は、このプロセスの一つひとつに磨きをかけていることが想像できます。

昨今はＩＴ化が進み、企業全体の経営図、経営モデルが複雑になっています。

そのなかで『図解ＣＩＯハンドブック』（野村総合研究所システムコンサルティング事業本部著、野村総合研究所広報部、２０００年）の次ページの図が私は気に入っており**「人一倍、読み、考える」**ためのヒントとして活用しています。

この図から全体像のイメージや企業の強みなどを分析するのがおすすめです。

この図でいうと、ポーターのバリューチェーンは上部のあたりに位置づけられているのがわかるかと思います。

私の場合、従来からこのような図を頭に描きながら、自社や支援する会社にあてはめてどこをどう強化するか、磨くかなどいろいろ考えていました。

ITを前提とした企業プロセスモデル

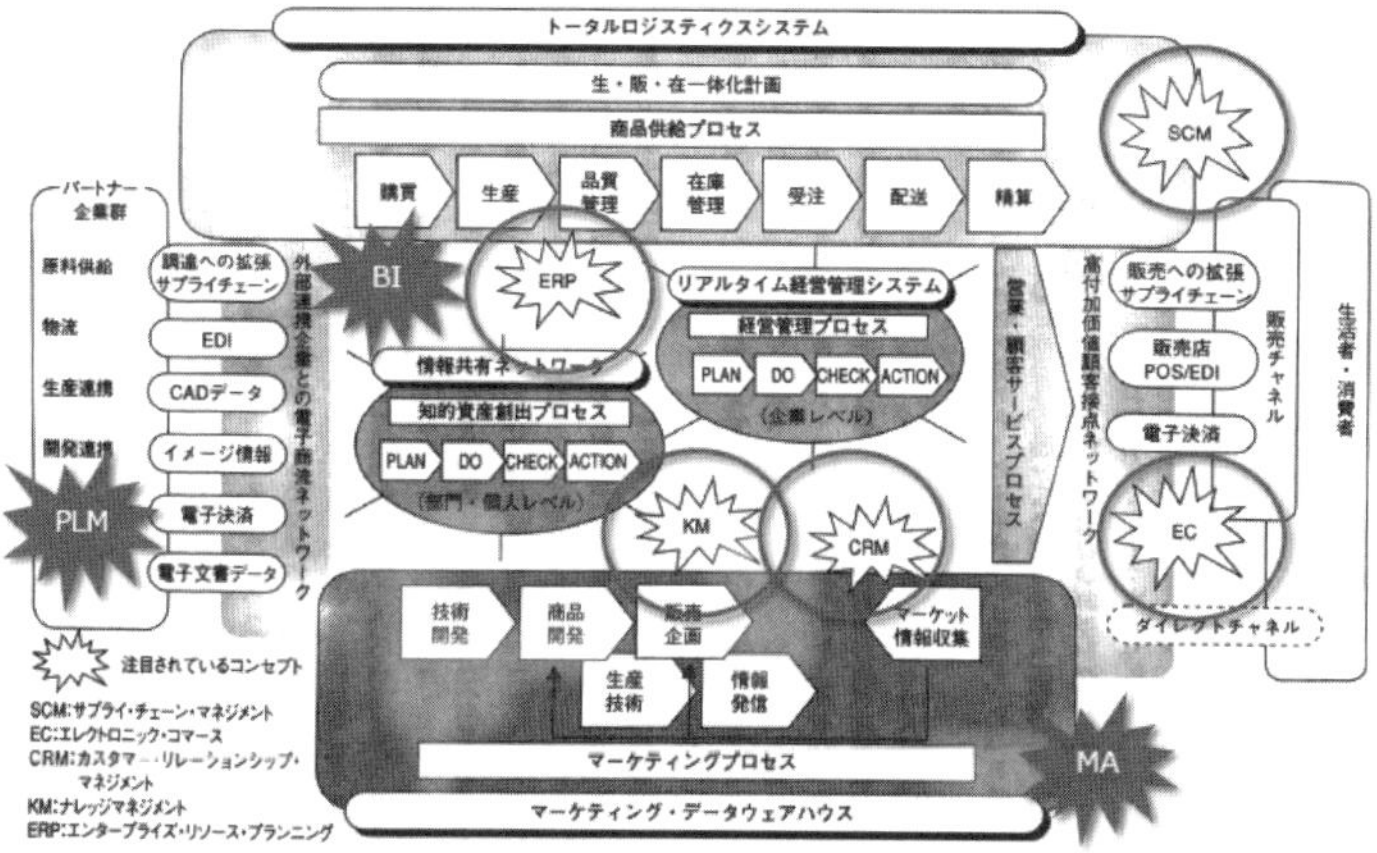

出典：『図解ＣＩＯハンドブック』（野村総合研究所システムコンサルティング事業本部著、野村総合研究所広報部、２０００年）を基に作成

ツール❷

「ビジネスモデルキャンバス（ＢＭＣ）」

これはビジネスの構造や仕組みを考えるためのフレームワークです。『ビジネスモデル・ジェネレーション　ビジネスモデル設計書』（アレックス・オスターワルダー、イヴ・ピニュール著、翔泳社、２０１２年）で紹介されたものです。9つの欄に分かれた1枚の紙を使い、ポストイットを張ったり剝がしたり移動したりしながら、**優位性や弱点、死角はないか、今後どこを強化するか**などシミュレーションしながら整理します。ポストイットがなければ、鉛筆で手書きして考えてもよいでしょう。

次ページに、大戸屋の元々の基本ビジネスモデルを手書きで書いたものを載せました。企業のポイントを分析するうえで、また、ビジネスプランを上手く説明するうえでも有効なツールといえます。

ビジネスモデルキャンバス

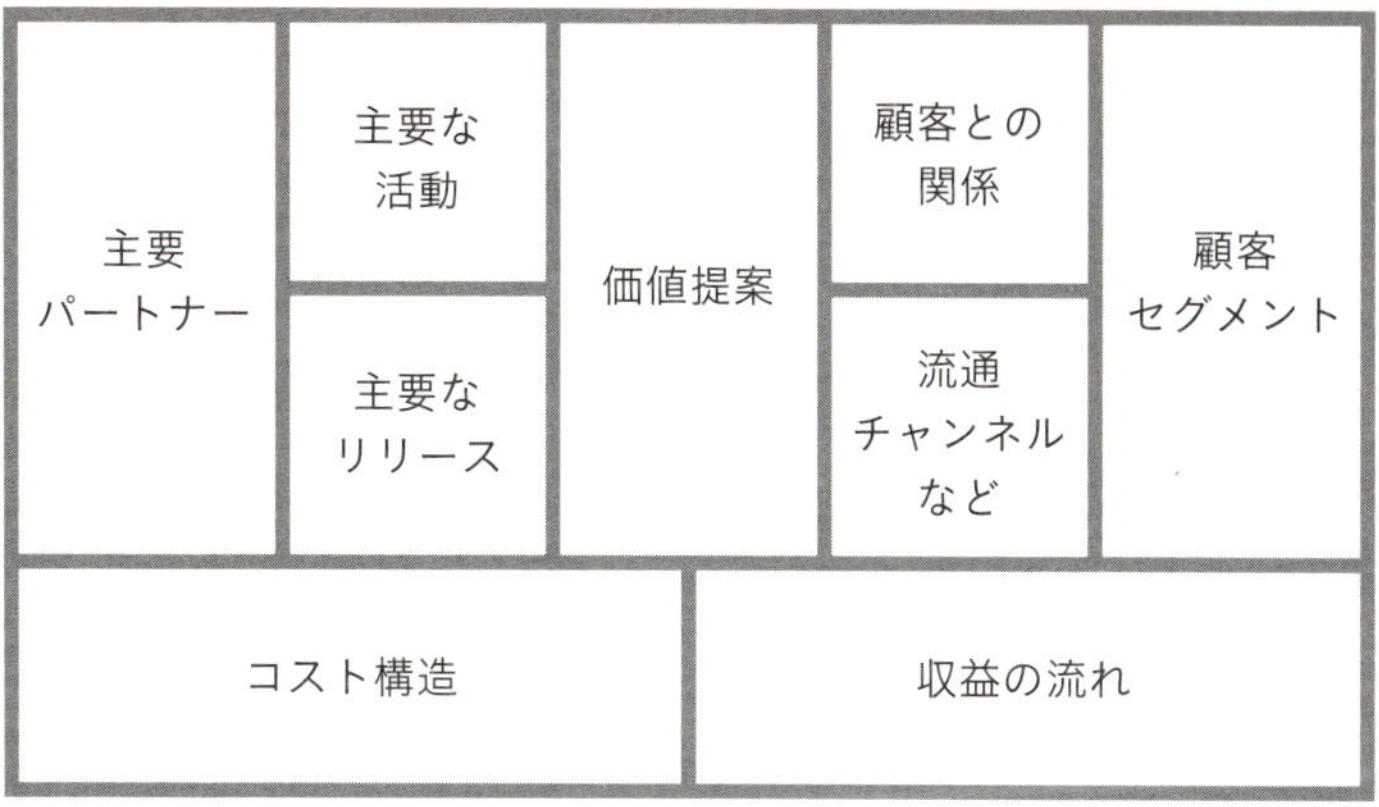

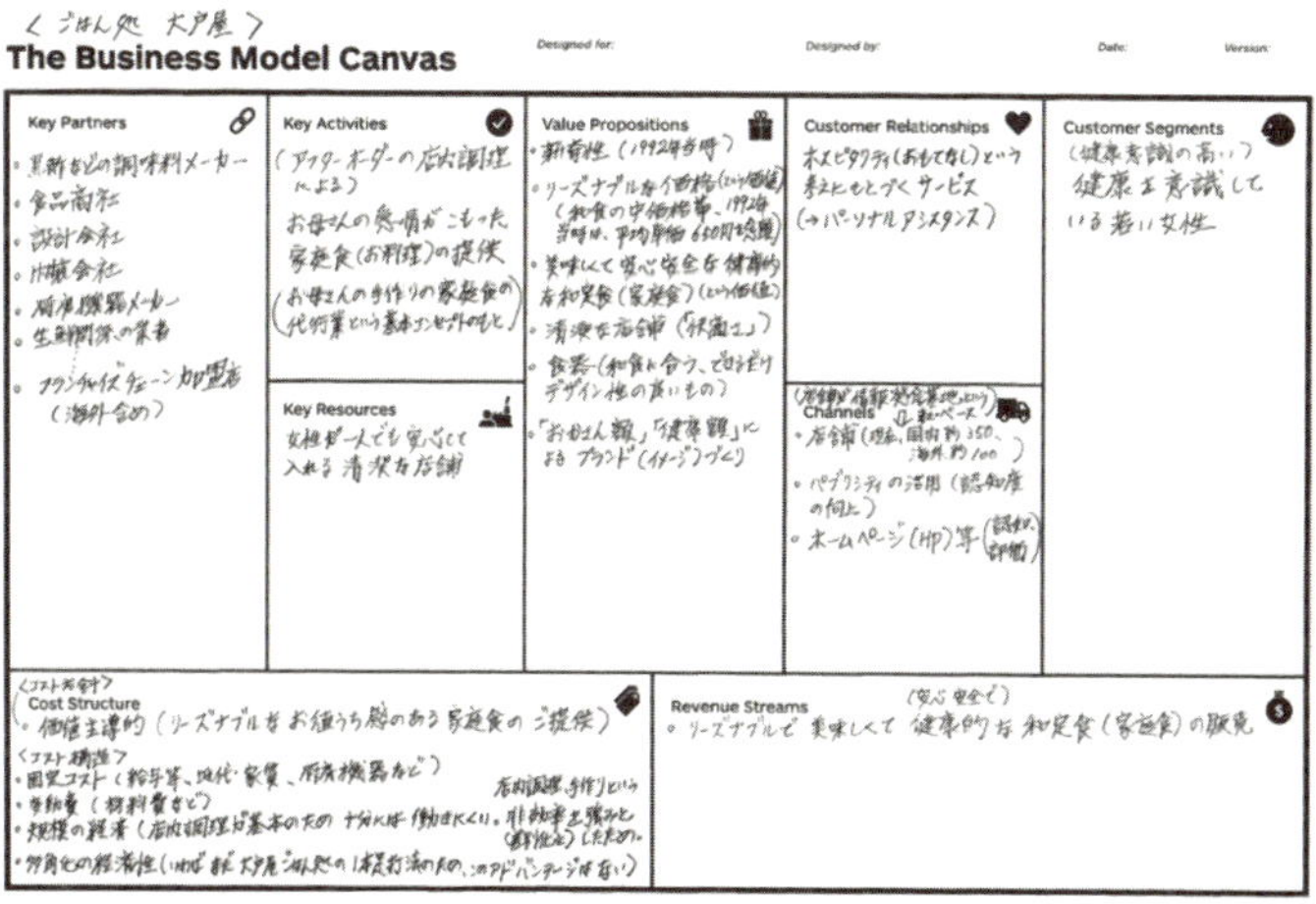

ツール❸

「バリュープロポジションキャンバス（VPC）」

これは「バリュー：Value＝価値」「プロポジション：Proposition＝提案」をつなげた言葉で、読んで字のごとく**「価値提案」**という意味です。

前に書いたビジネスモデルキャンバスの中心にあるバリュープロポジションをより明確かつわかりやすくした図ですので、双方を併用すると効果的です。

『バリュー・プロポジション・デザイン 顧客が欲しがる製品やサービスを創る』（アレックス・オスターワルダー、イヴ・ピニュールなど著、翔泳社、2015年）では、次ページのような図が紹介されています。

図の右側の円は、**顧客の課題、ゲイン（顧客が得たいもの、顧客の喜びなど）ペイン（顧客の痛み、不平不満不足など）で構成**されています。

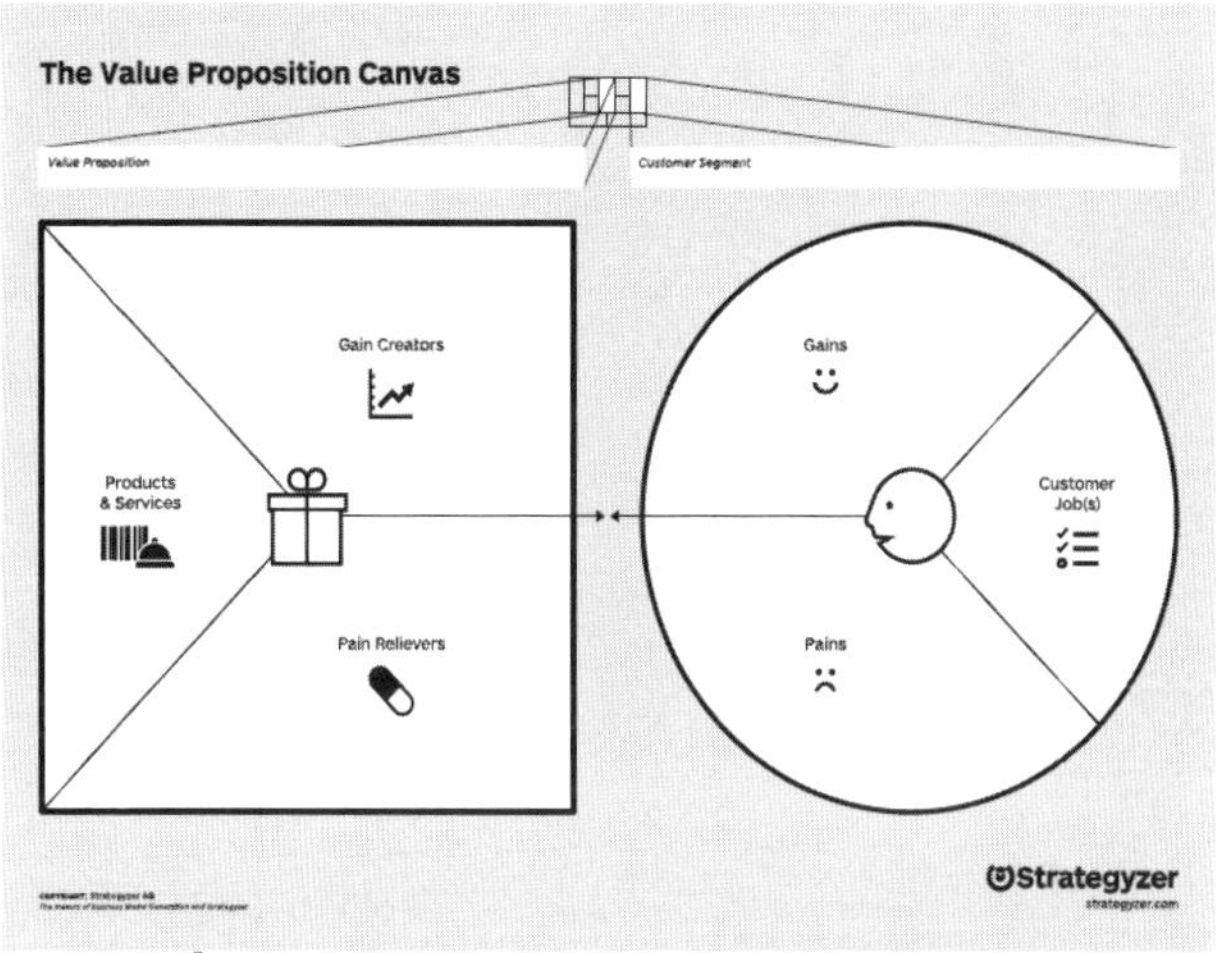

出典：『バリュー・プロポジション・デザイン 顧客が欲しがる製品やサービスを創る』（アレックス・オスターワルダー、イヴ・ピニュールなど著、翔泳社、2015年）

左側の四角は、**製品（商品）・サービス、ゲインクリエーター（顧客のゲインを生み出す要素など）、ペインリリーバー（顧客のペインをカバーする要素など）から構成**されています。

そして、矢印はこの2つの図のそれぞれがしっかり対応しているかを比較検討します。これによって、ニーズやウォンツ（潜在ニーズ）のズレを予防、解消することができます。

経営者や企業の担当者はＶＰＣを活用することによって、お客様や顧客のニーズやウオンツと提供価値の提案との相関関係を適切に分析できると同時に、企業からの価値提案である製品の機能や商品、サービスの内容、差別化・訴求ポイントの方向性やあるべき姿をつかむことができます。

「パーク24グループ」のビジネスモデルを分析しよう

ここからは紹介した3つのツールを使って、実際に企業を分析してみましょう。

「無人時間貸し駐車場」のタイムズ24を核とするパーク24グループは、近年カーシェアリングサービスを始めて順調に事業が伸びています。

私は、西川光一社長の発想や目の付け所が素晴らしいと感じていました。理由は次ページのメモに書いた点です。

それでは、練習をかねて価値提案のVPCにあてはめて簡単にみてみましょう。

このようなフレームワークを何回も試しブラッシュアップしながら考えていると、お客様（顧客）のニーズやウォンツにより近づいていけるはずです。

「パーク24」のカーシェアリングサービスのメモ

1.リソースについて

ネット管理している駐車場のタイムズが全国に約1万5000カ所ある。

このネット管理システム「TONIC」などの既存リソースを利活用すれば、カーシェアリングサービスもそれほどコストをかけなくともスピーディに展開できる。

マツダレンタカーのM&Aにより、オペレーションの問題を解決することができるリソースを取得できた。

▶これは競争戦略のフレームワークでは「資源ベース戦略」といえる。

2.価値提案について(バリュープロポジション)

15分刻みで多種多様な車が必要なときだけ簡便にリーズナブルに利用できる仕組みを提案。

3.ファイナンスについて

カーシェアリングサービスの大きなコストとなる駐車場のコストは、従来から管理する約1万5000の駐車場の空きスペースを活用することで、いわばコストゼロで運営できる。さらには、時間貸し駐車場のタイムズとのシナジーも考えられるので一石二鳥の展開である。

「パーク 24」のカーシェアリングサービスの VPC

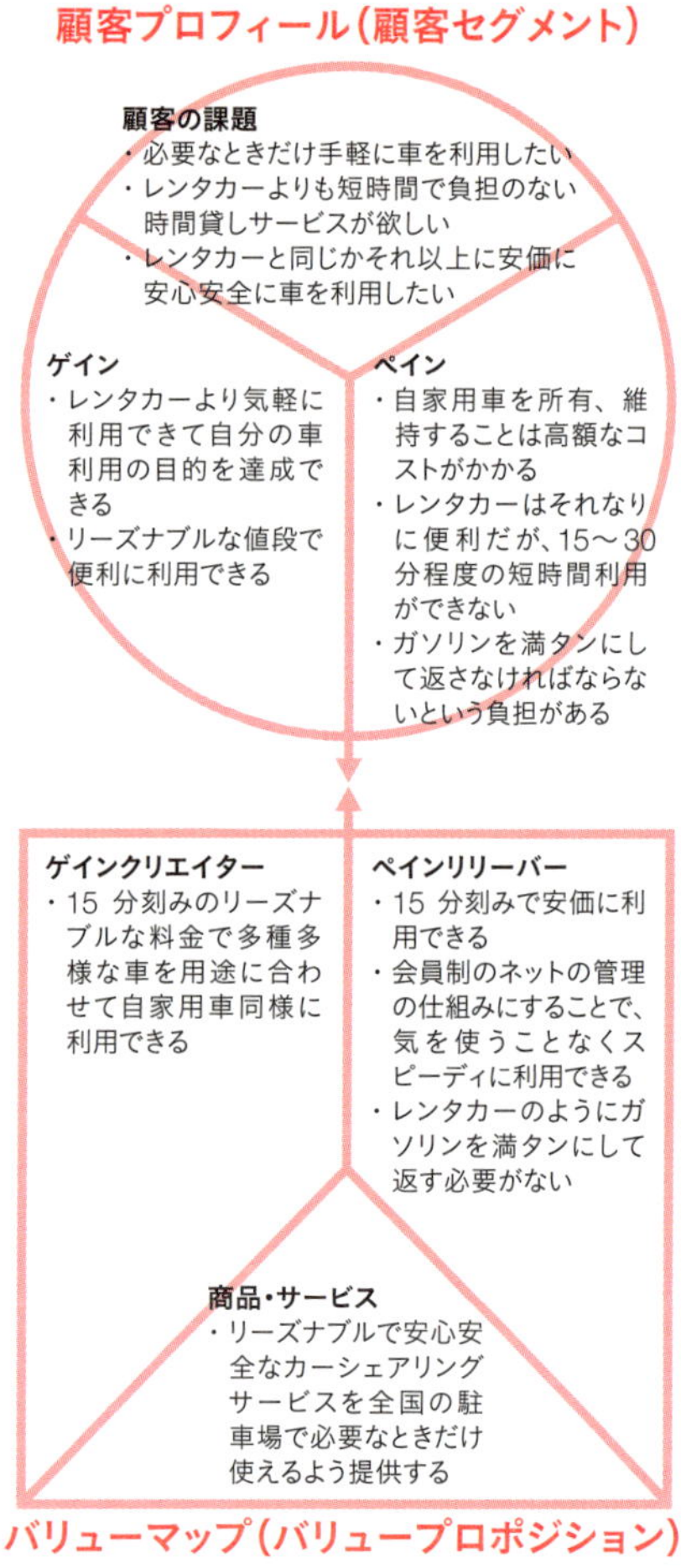
顧客プロフィール（顧客セグメント）
顧客の課題
・必要なときだけ手軽に車を利用したい
・レンタカーよりも短時間で負担のない時間貸しサービスが欲しい
・レンタカーと同じかそれ以上に安価に安心安全に車を利用したい
ゲイン
・レンタカーより気軽に利用できて自分の車利用の目的を達成できる
・リーズナブルな値段で便利に利用できる
ペイン
・自家用車を所有、維持することは高額なコストがかかる
・レンタカーはそれなりに便利だが、15～30分程度の短時間利用ができない
・ガソリンを満タンにして返さなければならないという負担がある
ゲインクリエイター
・15 分刻みのリーズナブルな料金で多種多様な車を用途に合わせて自家用車同様に利用できる
ペインリリーバー
・15 分刻みで安価に利用できる
・会員制のネットの管理の仕組みにすることで、気を使うことなくスピーディに利用できる
・レンタカーのようにガソリンを満タンにして返す必要がない
商品・サービス
・リーズナブルで安心安全なカーシェアリングサービスを全国の駐車場で必要なときだけ使えるよう提供する
バリューマップ（バリュープロポジション）

※ページサイズの都合上、図を半回転しています。

「モノタロウ」のビジネスモデルを分析してみよう

続いて、モノタロウを取り上げて考えてみましょう。

モノタロウは、製造業、建設業、自動車整備業などの現場で必要な工具、部品、消耗品、文具など1500万点を取り扱う通販サイトです。創業者の瀬戸欣哉会長がLIXILの社長にスカウトされたことでも知られています。

まずモノタロウの直近10年の株価を見てみましょう。

2011年1月ぐらいから波動を描きながらも右肩上がりで株価も大きく上がってきています。相当な倍率、何十倍にもなっているようなチャートです。

さて、実際の経営数字はどうなっているでしょうか。

モノタロウの直近の第２四半期の決算説明会の資料から引用しながら概略を見てみましょう。

売上も営業利益も前年比20％以上伸びていて、順調に推移しているのが見て取れます。これを見るだけでもその経営努力が伝わってきます。

どれを1枚の紙にまとめるかは人それぞれですが、参考までに、私が以前つくったモノタロウのビジネスモデルキャンバスを融合的に統合したマーケティングキャンバスは、１９３ページに掲載したとおりです。

これは本に載せることなど全く意識せずに自分の学習メモ的につくったものです。それゆえ、一度作って終わりではなく改善点や気づいたことなどがあればどんどん修正して漏れなどもなくして改訂版をつくって常にベストな状態にしておくつもりです。

モノタロウの成長の源泉である「ビジネスモデル」が何なのかを改めて考えてみると、概略は２２１ページの表の内容になります。

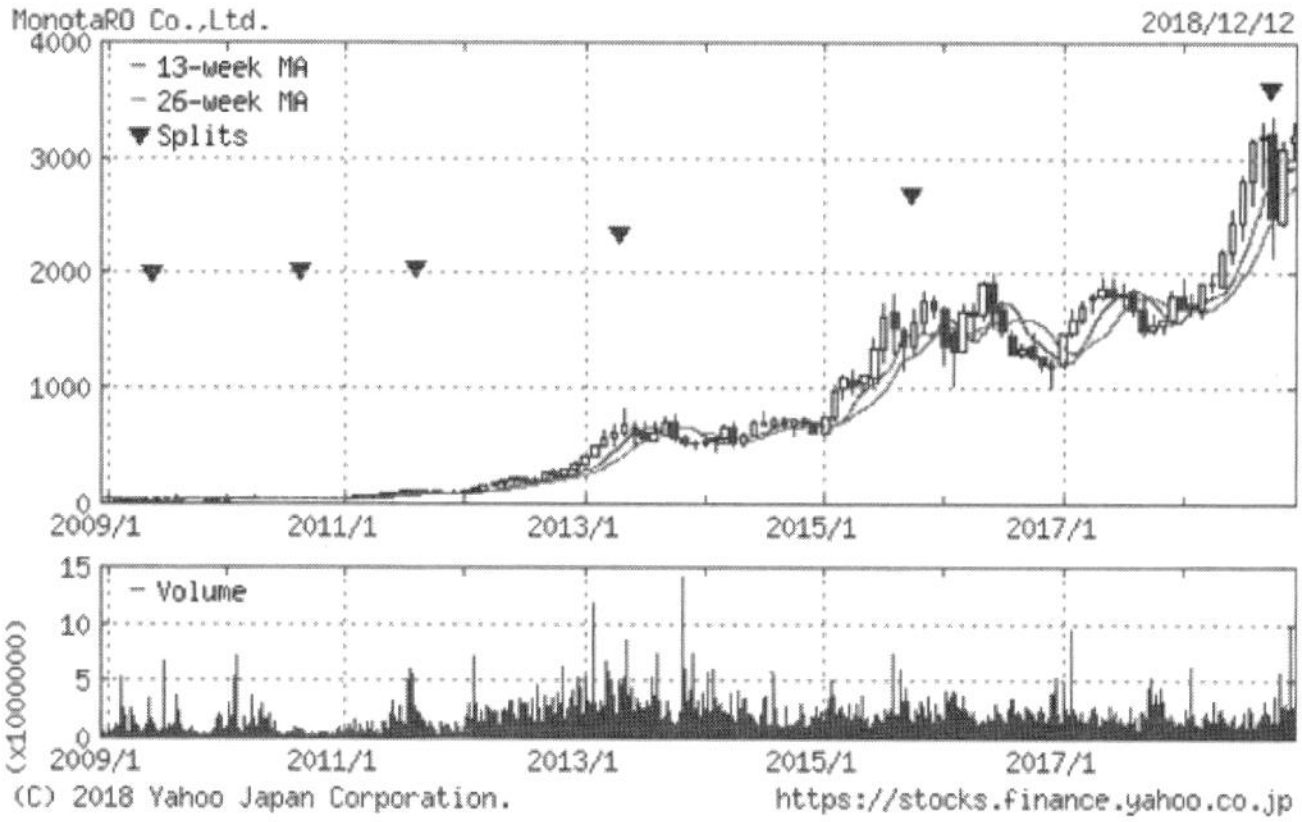

Yahoo!ファイナンスより

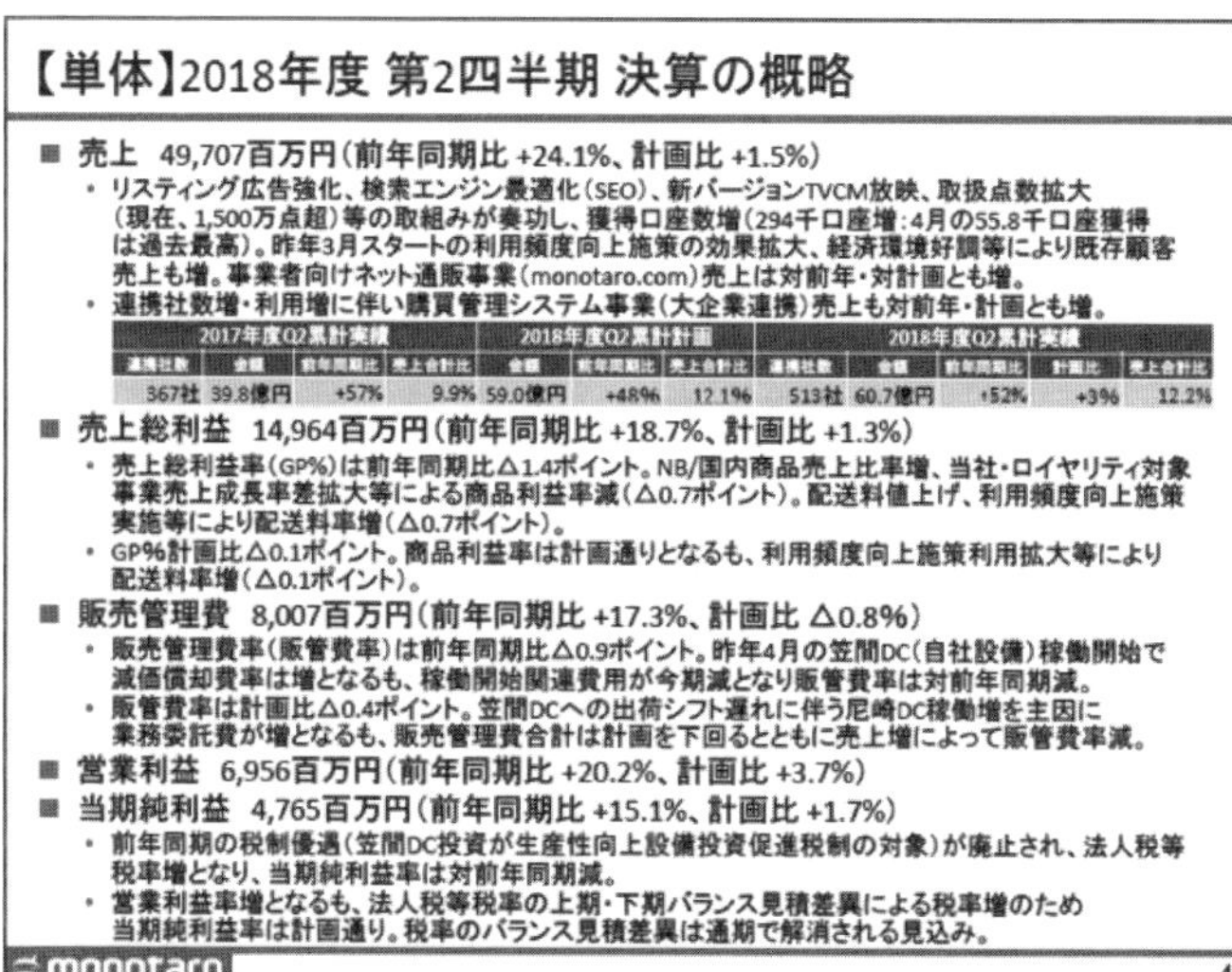

【単体】2018年度 第2四半期 決算の概略

■ 売上 49,707百万円(前年同期比 +24.1%、計画比 +1.5%)

- リスティング広告強化、検索エンジン最適化(SEO)、新バージョンTVCM放映、取扱点数拡大(現在、1,500万点超)等の取組みが奏功し、獲得口座数増(294千口座増:4月の55.8千口座獲得は過去最高)。昨年3月スタートの利用頻度向上施策の効果拡大、経済環境好調等により既存顧客売上も増。事業者向けネット通販事業(monotaro.com)売上は対前年・対計画とも増。
- 連携社数増・利用増に伴い購買管理システム事業(大企業連携)売上も対前年・計画とも増。

2017年度Q2累計実績				2018年度Q2累計計画			2018年度Q2累計実績				
連携社数	金額	前年同期比	売上合計比	金額	前年同期比	売上合計比	連携社数	金額	前年同期比	計画比	売上合計比
367社	39.8億円	+57%	9.9%	59.0億円	+48%	12.1%	513社	60.7億円	+52%	+3%	12.2%

■ 売上総利益 14,964百万円(前年同期比 +18.7%、計画比 +1.3%)

- 売上総利益率(GP%)は前年同期比△1.4ポイント。NB/国内商品売上比率増、当社・ロイヤリティ対象事業売上成長率差拡大等による商品利益率減(△0.7ポイント)。配送料値上げ、利用頻度向上施策実施等により配送料率増(△0.7ポイント)。
- GP%計画比△0.1ポイント。商品利益率は計画通りとなるも、利用頻度向上施策利用拡大等により配送料率増(△0.1ポイント)。

■ 販売管理費 8,007百万円(前年同期比 +17.3%、計画比 △0.8%)

- 販売管理費率(販管費率)は前年同期比△0.9ポイント。昨年4月の笠間DC(自社設備)稼働開始で減価償却費率は増となるも、稼働開始関連費用が今期減となり販管費率は対前年同期減。
- 販管費率は計画比△0.4ポイント。笠間DCへの出荷シフト遅れに伴う尼崎DC稼働増を主因に業務委託費が増となるも、販売管理費合計は計画を下回るとともに売上増によって販管費率減。

■ 営業利益 6,956百万円(前年同期比 +20.2%、計画比 +3.7%)

■ 当期純利益 4,765百万円(前年同期比 +15.1%、計画比 +1.7%)

- 前年同期の税制優遇(笠間DC投資が生産性向上設備投資促進税制の対象)が廃止され、法人税等税率増となり、当期純利益率は対前年同期減。
- 営業利益率増となるも、法人税等税率の上期・下期バランス見積差異による税率増のため当期純利益率は計画通り。税率のバランス見積差異は通期で解消される見込み。

monotaro 4

出典:モノタロウHP

また、バリュープロポジションキャンバス（ＶＰＣ）は次ページの上図になります。

現状、モノタロウは顧客の利便性を高め続ければ、今後の成長も大いに期待できるでしょう。

ただ、ミスミ、アマゾンなどの競合との戦いも今後ますます激しくなることも予想されます。

また、どんなに優れたビジネスモデルでも陳腐化していきます。その前に、競争にダントツに打ち勝てるかが重要になります。

今後どこまでモノタロウのビジネスモデルが磨き上げられるか、究極の低コスト化とどんな複雑な仕事でも誰でもできるようにする仕事のシンプル化・仕組み化が求められるでしょう。

「モノタロウ」の価値提案（VPC）

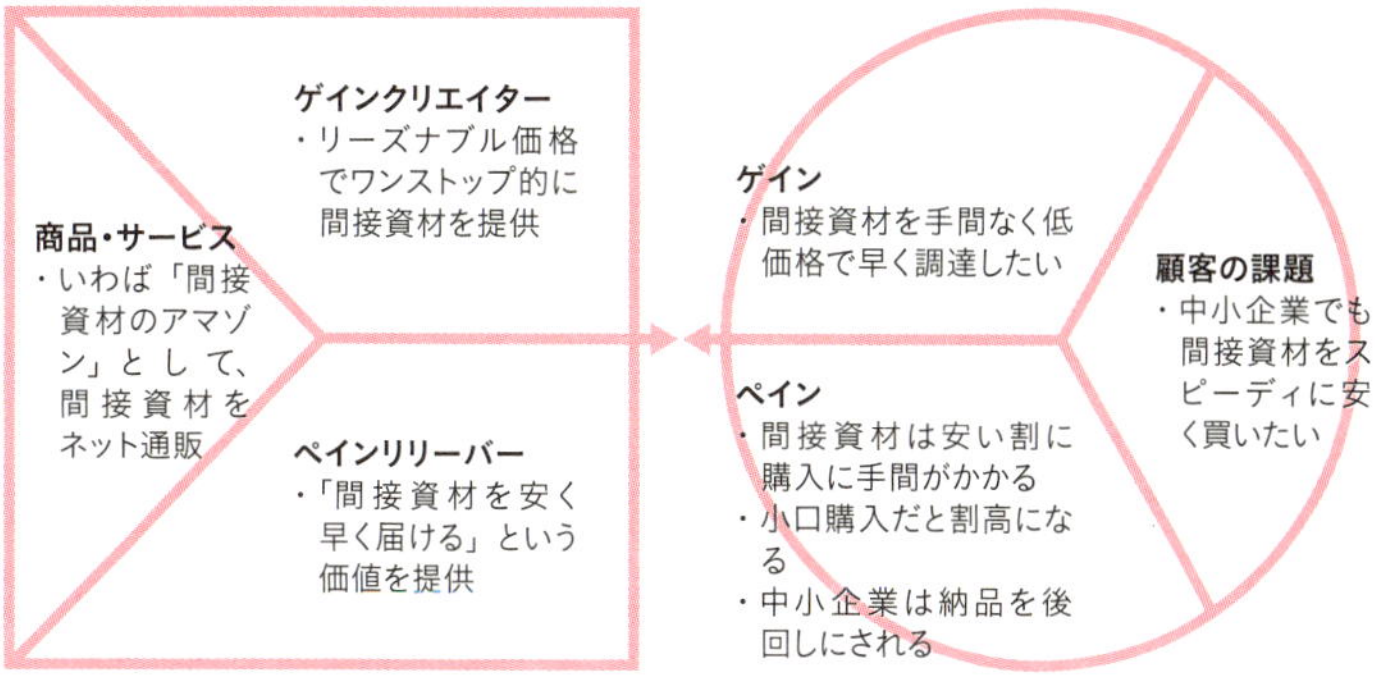

ゲインクリエイター
・リーズナブル価格でワンストップ的に間接資材を提供
商品・サービス
・いわば「間接資材のアマゾン」として、間接資材をネット通販
ペインリリーバー
・「間接資材を安く早く届ける」という価値を提供
ゲイン
・間接資材を手間なく低価格で早く調達したい
ペイン
・間接資材は安い割に購入に手間がかかる
・小口購入だと割高になる
・中小企業は納品を後回しにされる
顧客の課題
・中小企業でも間接資材をスピーディに安く買いたい

「モノタロウ」の基本ビジネスモデル比較

	モノタロウのビジネスモデル	従来型のビジネスモデル
価格戦略	一物一価主義の透明な価格	顧客ごとに違う、不透明な価格
マーケティング戦略	データベースマーケティング、ネット通販なので営業マン不要	営業マンの知見に頼った販売方法
商品戦略①	間接資材の品揃えが豊富で多様な顧客の多様な需要に対応できる	間接資材の品揃えが限定的で選択肢が少ないので、多様な需要に対応できにくい
商品戦略②	価値あるプライベートブランド商品	価格の高いトップブランドが中心
オペレーション戦略	標準化とITを基礎とした低コスト・効率的オペレーションで商圏が広い	労働集約的で非効率・高コストで、商圏が狭い
出荷・物流戦略	すべての顧客の利便性（安く早く届ける、等）の向上に低コスト・機動的に競争優位的に対応できる	すべての顧客の利便性の向上に低コスト、機動的に競争優位的には対応しにくい

「ぐるなび」のビジネスモデルを分析してみよう

最後に、ぐるなびのビジネスモデルを考えてみましょう。

競合の食べログと比較すると、先に登場したのはぐるなびだったのですが、年々食べログに追い上げられ、現在は拮抗的状態か若干ぐるなびが劣勢になっています。

ぐるなびと食べログは**「リボン型ビジネスモデル」**といわれる類型です。

これは、ユーザーと飲食店の間に立ち、プラットフォームとして両者をつなぐサービスを提供するモデルで、双方のニーズを満たして両方をつなぐサービスを提供することによって成り立っています。

これは次ページ上図のようなイメージでよく紹介されています。

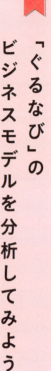

なお、下図はぐるなびのここ10年間の株価の推移です。

見ていただければわかるように、ここ2年ほどで株価は3分の1ぐらいに下がって

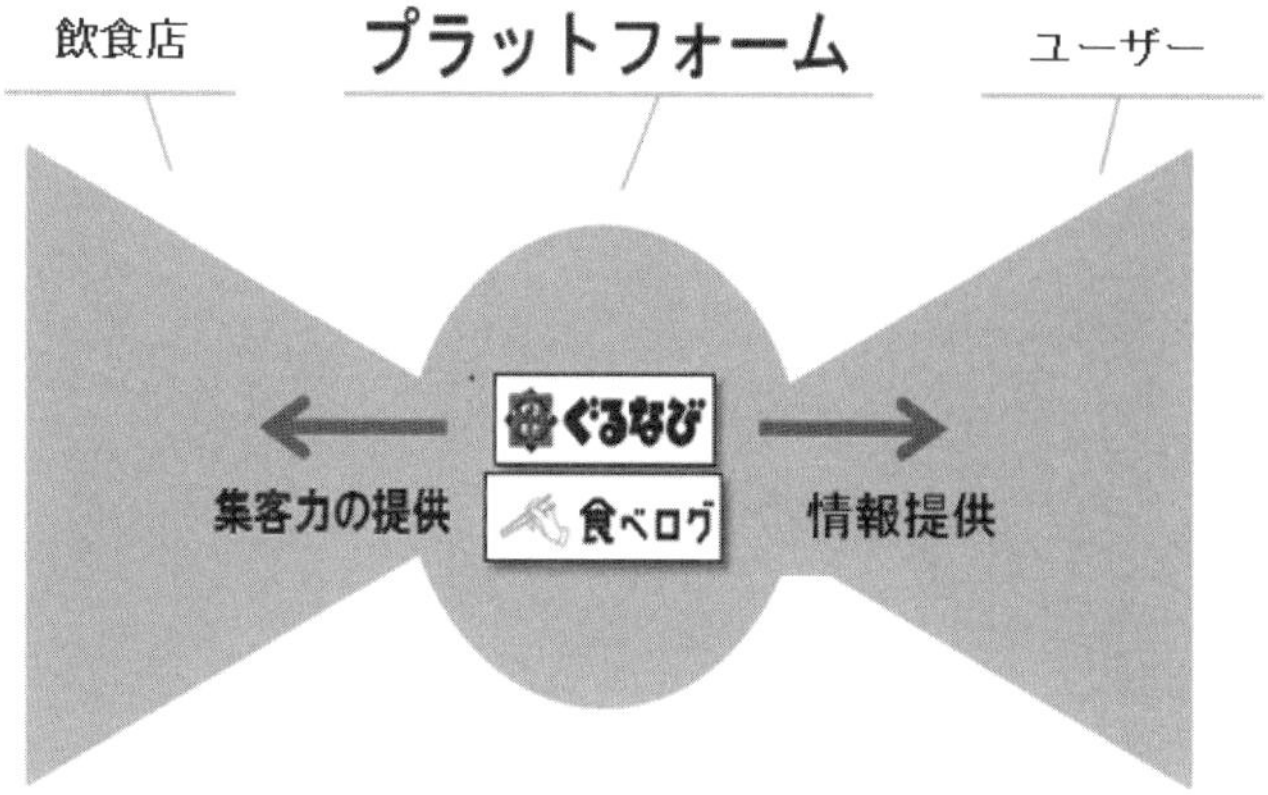

出典：ぐるなびHP

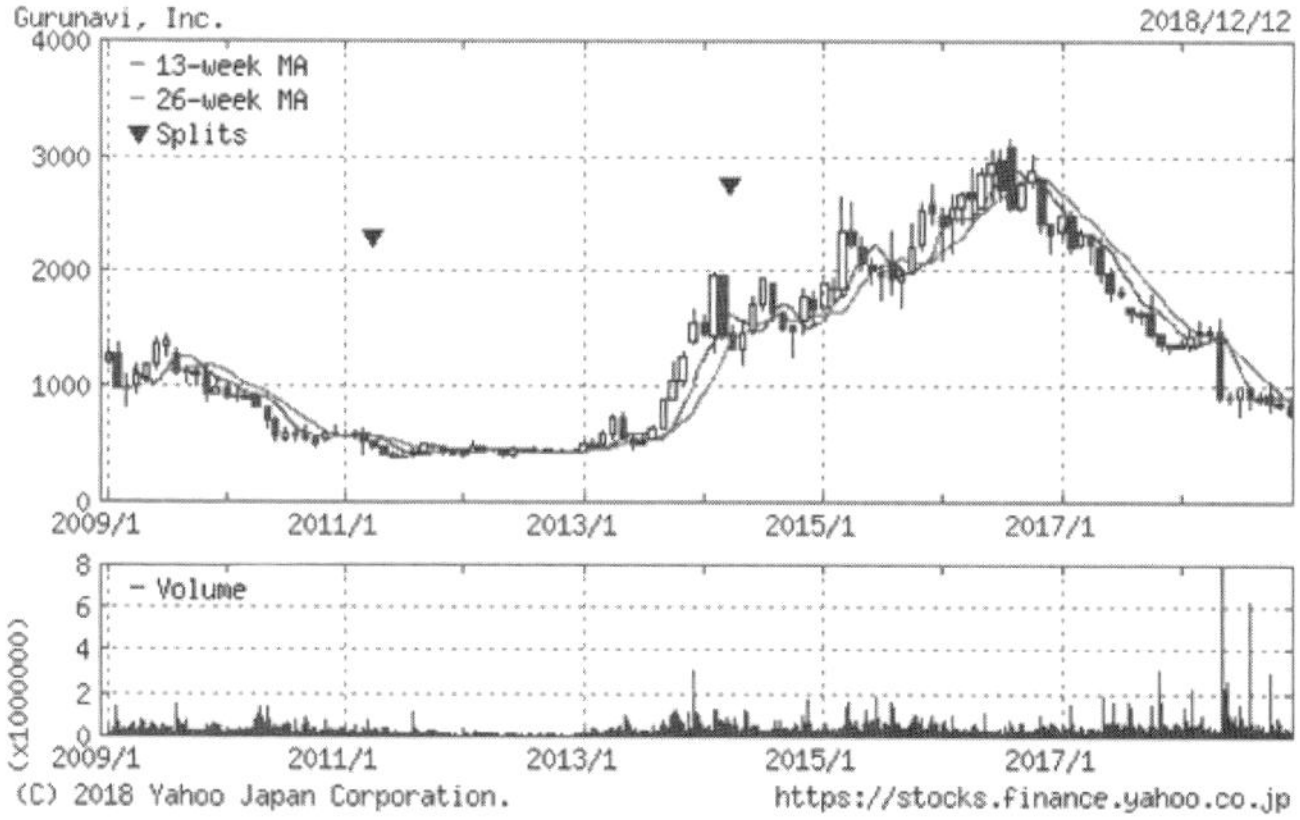

Yahoo!ファイナンスより

います。時価総額は２０１８年12月12日現在では約３８０億円です。一方、食べログを運営するカカクコムの時価総額は４６００億円ほどです。10倍以上に差が大きく開いています。

株価は先行指標といわれていますので、３年前の２０１５年夏ごろから一つの要素としてビジネスモデルの劣化、弱体化、競争優位の低下の兆しが出てきたのではないかと推測されます。

こういう予兆を少しでも感じた場合、経営陣は競争環境のなかでビジネスモデルが相対的に劣化・陳腐化していないか（このビジネスモデルのそもそもの立脚の原点や生まれた背景や当時の競争環境も含め）を考え、早急に対策を打たなければなりませんし、先手を打ってＩＲすることも必要になるかもしれません。

製品にプロダクトライフサイクル（ＰＬＣ）があるように、ビジネスモデルにもライフサイクルがあります。

ですので最低限、①現状分析として外部環境分析、環境分析、②クロスＳＷＯＴ分析、③ファイブ・フォース分析をして課題点を抽出する必要があるでしょう。

たとえば、飲食業界とぐるなびの現在の外部環境を把握するためのファイブ・フォース分析、4P分析をすると、次ページのようになります。

また、ぐるなびはある意味、ウィンドウズ95の登場によってできたネット環境をベースに急成長し、そして、現在は次ページ上図のような状況になっていますので、栄枯盛衰はつきものとして、日々向新で今後のポジティブな経営努力が問われます。

特に、技術の進化の方向性などには注意する必要があるでしょう。

私はもともとテクノロジーや技術経営にも深い興味があり、先進的な技術の動向を読むのにガートナーが毎年発表する227ページ下の「先進テクノロジのハイプ・サイクル」のデータを参考にしています。

それをヒントにIoTや第四次産業革命、AIなどが今後どうなるか新聞・雑誌・テレビを含め、動向に注目して今後の予測をし、検討しています。

メーカーやモノづくり系の企業やIT系の企業に投資検討対象がある場合は、ぜひ参考にしていただければと思います。

ぐるなびのファイブ・フォース

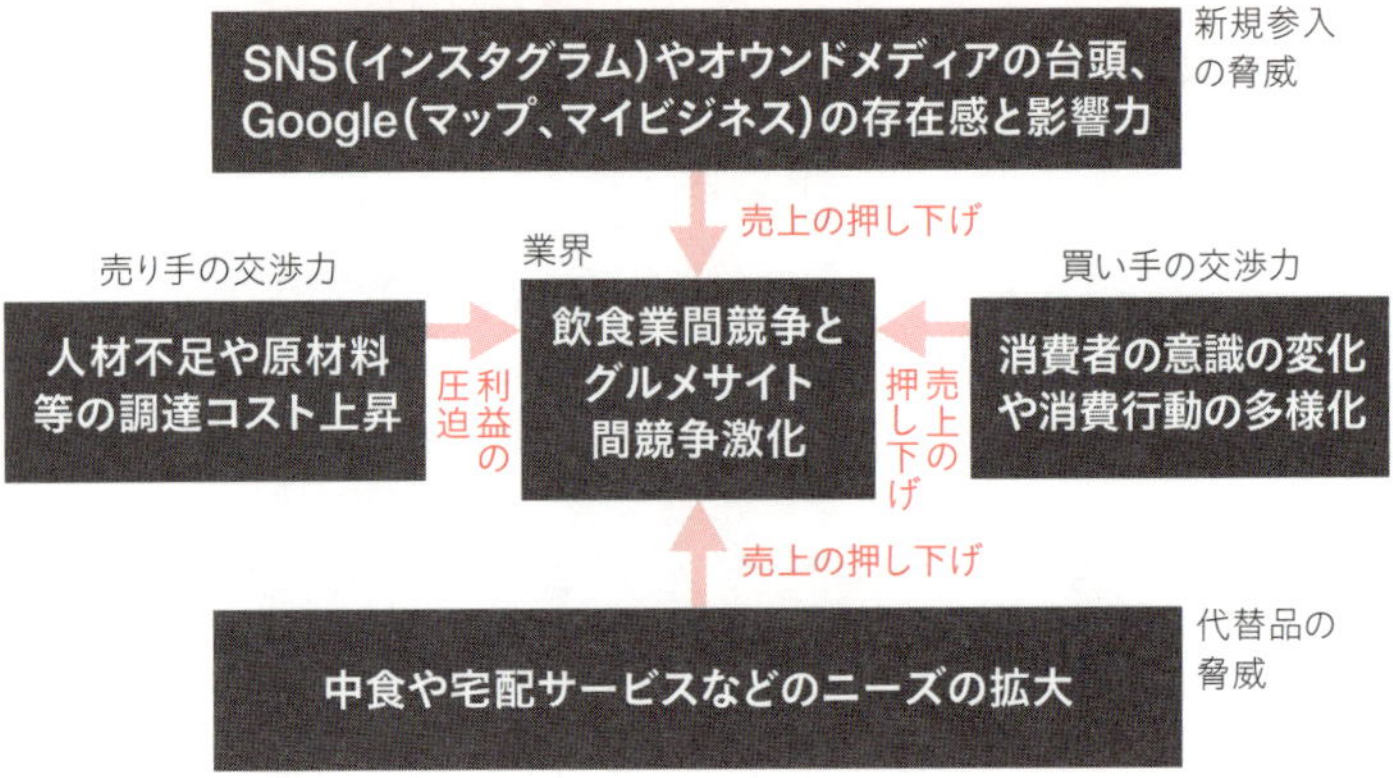

ぐるなびの4P

Product	□飲食店サポーターとしての業務支援サービス （検索性の提供、メニューの改善、店の改装、採用、新規顧客を獲得するツール等々） □低コスト、リアルタイムに使える販促インフラ提供、など	□「食のトータルサイト」として飲食店の紹介 □場所、定休日、開店・閉店時間、メニュー、予算、駐車場の有無、個室の有無、店からのお勧めなどの正確で詳細な情報を提供 □クーポンや特別企画や予約ツールの提供など
Price	□最大15万円／月	□無料or300円／月
Place	□国内（都市部）主体 □インターネット（PC、スマホ）	
Promotion	□訪問営業 □インターネット広告	□TVCM

「ぐるなび」の連結業績予想（2019年3月期）

単位：100万円	2018年3月期（実績）	2019年3月期（予想）	増加率
売上高	36,226	33,000	-8.9%
営業利益	4,742	1,300	-72.6%
営業利益率	13.1%	3.9%	-9.2ポイント
経常利益	4,809	1,300	-73%
親会社株主に帰属する当期純利益	3,192	900	-71.8%
1株当たり当期純利益(EPS)：円	68.27	19.24	-71.8%
1株当たり配当金：円	44.00	13.00	-70.5%
自己資本当期純利益率(ROE)	17.2%		

ぐるなびHPを基に作成

先進テクノロジのハイプ・サイクル（2018年）

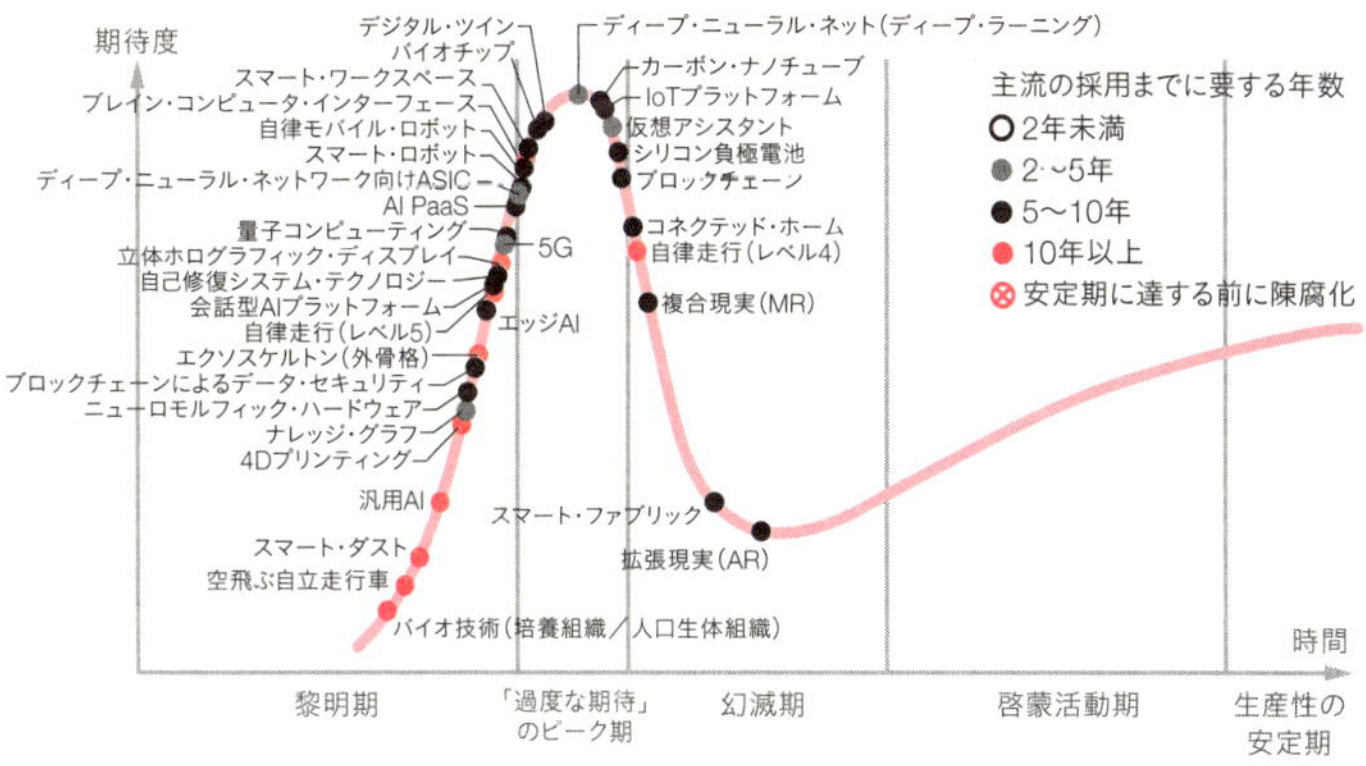

ガートナー（2018年8月）の図を基に作成

最後に、どんなに優れたビジネスモデルであっても、時間の経過や状況の変化とともに変化・劣化するのが通例であり、その変化の予兆を見逃して対応を誤ったり後手に回ったりすると一気にビジネスが苦しくなってしまうことがあります。

その意味で、経営者や経営幹部は競争環境の変化などにするビジネスモデルや製品（商品）の劣化や陳腐化に対して常に観察や考察を怠らないことが必須になります。また、そのためには、経営者や経営幹部は社内にこもらず、外に出て多くの人に会い、常に顧客や市場、取引先等と向き合う必要があります。

経営者はビジネスモデルの見直しと再構築が常に必要だと思って経営にあたらなければなりません。そして、いかに利益の持続的成長と高配当政策に結び付けていくかが何より重要です。

そのためにも、経営者はビジネスモデルキャンバスやバリューチェーン、バリュープロポジションキャンバス、マーケティングキャンバスなどを駆使してビジネスモデルを改善、もしくは、未来の見えざる市場の変化（ＩｏＴや第四次産業革命など）や潜在需要を予測しながら作り替える（再設計する）必要があるのかどうか危機感を持つ必要があります。

どんな些細な市場の変化の予兆すらも見逃さず、即座に対策を打つような超心配性のいわば臆病心、そのような細心の緊張感や明確な意識のない人は、戦略的転換点などを見極められずサバイバルできない、極論すると経営者失格といえます。

以上、さまざまな角度からビジネスモデルについて考えてきましたが、ここで紹介したツールを検討されている投資（候補）先企業分析に使っていただくと、きっと有益なヒントや気づきが得られるでしょう。

おわりに

金融機関に頼ることなく、自分の手で資産を築く方法

私（山本）が金融業界に入って、およそ30年が経過しました。

その間、日本では政府が「貯蓄から投資へ」の音頭を取りました。しかし、その流れは生じませんでした。

今なお、日本人の金融資産のほとんどは預金ですが、その主因は日本の金融機関のあり方にあると私は考えています。

金融機関は長年、投資家の育成の努力を怠ってきました。日本の運用機関や証券会社や信託銀行業界は結託し、投資家に高い手数料を払わせてきたのです。

特にヘッジファンド業界の成功報酬は、本来の顧客の利益である値上がり益の2割を徴収するほど高額です。

しかも、運用資産額に比例した定率の運用報酬を数パーセントも得ています。つま

り金融機関は成功したら顧客の金を「横取り」し、失敗したら「ごめんなさいね」で済ませているわけです。

こんな旨味のある商売、他にあるでしょうか。「強欲だ」と批判されても仕方ないと私は思います。米国で格差社会に反対する人々が、金融機関が集まるウォールストリートに向けて「私たちは99％の人々だ」と抗議する心情も十分に理解できます。

また、「投資信託」という悪名高い商品があります。購入時に証券会社が販売手数料を徴収、運用会社がさらに運用手数料をとります。おまけに投信の内部では回転売買を繰り返しているので、毎年のように元本は減ります。そうした商品を売っている人間が〝貯蓄から投資へ〟と言うのを見聞きすると、「馬鹿野郎！　笑わせるな！」と思ってしまいます。

多くの投資家は、「運用がわからないならプロに預けましょう」と言います。ですが、私から見ると、そのプロの多くは単なるアマチュアサラリーマン集団で、運用の知識を持っていません。

金融機関の社長は、運用の素人です。管理職も運用を知りません。運用者の１００

倍以上の人が営業していますが、そうした社員たちも運用とは何かを知りません。

とはいえ金融機関は、駅前の一等地に高い家賃を払い、営業に多くの人を割き、大量のCMを流し、社員に高給を払っています。そのため金融機関は、投資家から「ぼったくり」をしないと経営が成り立たないのです。

私は、運用業界が普通の業界になってほしいと願っています。普通というのは年収500万円程度の仕事です。

運用には、特殊な才能は必要ありません。優秀な人が金融業界にくるのは間違っています。金融は、自然や環境や人々を陰で支える黒子にすぎません。

優秀な人材は、運用よりも社会の切実なニーズに立ち向かってほしい。治らない病気の人を助けようとしたり、誰も解けない難問に立ち向かったりしてほしい。

そして優秀な人こそ、工場や介護、保育、教育の現場で頑張ってほしいのです。

そのようにいろいろと思うところがあり、2018年末に、私は定額の運用サービスを株式会社ダイヤモンド・フィナンシャル・リサーチで立ち上げました。

このサービスは運用資産の多寡に関わらず、月額9000円（税別）を払えば、私の運用サービスを受けられる画期的なサービスです。

運用者にとって、10億円運用しようが1兆円運用しようが、企業を調べる手間や時間は変わりません。ですから運用サービスは定額にすべきだと思うのです。未来の金融業界は運用金額に関わらず、月々1万円程度の定額でサービスすべきだと私は考えています。

私がこのサービスで関われる人は、せいぜい100人か最大でも200人だと思います。その方々と助け合いながら、ともに証券の勉強をしたいのです。時間をかけて、一人ひとりの投資家を丁寧に、大切に扱いたいのです。

とはいえ、運用業界を変えようとする試みである、運用の定額サービスは、まだ赤ん坊のようにか弱く、よちよちとその一歩を踏み出したばかりです。

しかし、この課題の多い日本の金融業界を立て直し、預金から投資への流れを組む巨大金融に風穴を開けてみせます。私の「大ボラ」です。いつか、中ボラ、小ボラになって、最終的には夢になるように努力することをここに誓います。

運用会社を辞めたとき、こう思ったものです。

「結局、数百億円運用してきたかもしれないが、サラリーマン運用者に過ぎなかった。これからは会社ではなく、みんなのファンドマネジャーになるんだ。そして、一生かけて日本の預金1000兆円に働きかけて、そのわずかでも株式市場へ導くんだ」と。

本書では、必要最低限のことだけを記し、誰にでもわかるように、株式投資のイロハを紹介することを心がけました。たとえ投資の初心者であっても、本書を読むことで、自立する投資家の入り口に立てるようにと工夫したつもりです。

この本のきっかけをつくっていただいたのは、20年前からの友人であり人生の先輩でもある皆木和義先生です。皆木先生は、大学でしっかり教えるなら1年はかかる経営論をコンパクトにまとめています。それも含めて、この本は他にはない、奇跡の本になったと自負しています。本書を執筆するにあたって、数々の貴重なアドバイスをいただいた、編集者の庄子錬氏、そして共著者の皆木和義先生にお礼を申し上げます。

本書の多段階配当モデルは、将来の配当価値をベースに理論株価を「将来」価値ベースで簡易的に算定したものです。専門的には、企業に固有のリスクプレミアムの計算や取材に基づく複数の業績シナリオの予想が、「現在」価値ベースの配当割引モデルには必要になります。

投資についてより深く勉強したい方は、株式会社リンクスリサーチのファンドマネジャー養成講座「株の学校」で、企業特有のリスクプレミアム計算を取り入れた最先端の配当割引モデルを紹介しています。

金融リテラシーとは知識ではありません。自分で考えて決定する行動力であり、企業を応援しようとする態度であり、株価の下落に一喜一憂しない度量のことです。

本書が皆さんの投資成果に少しでも貢献できますように。

最後になりましたが、私が書いた詩を紹介させてください。私自身がこうありたいと願う投資家像です。

『投資家よ』
お前は、株価は単なる影だと言い放つ。
損益計算書も信用しない。
時代精神を感じ、時代の風に舞う。
心のうちに宿すのは一片の狂気と困難を伴うであろう高すぎる目標。
哲学に生き、理系・文系の枠を超えて真摯に学問する。
透徹な「よい目」を持つために。

寛容の精神に満ち、思想信条の相違を超えて社会を巻き込み、
あわよくば大望を成そうと画策する。
だが、その崇高な目標は、一代では成し遂げられないことも同時に悟っていて、
その大望を次世代に託す。
そう、お前は、消費者ではなく、むしろ創造者であり、
必要ならば、権力を振り翳《かざ》す者を挫き、
弱者（地球環境、滅びゆくものたち）の側に立つ。

常時、物事の最終的な責任を負い、損失を厭わない。
そして、同じく夢のために狂気を宿した企業人たちの思いに共鳴し、
彼らがそうせざるを得なかった必然を次世代のために記す。

そう、お前は歴史家でもあるのだ。
命の短いことを嘆かず、結果を恐れず、あらゆる瞬間を生き尽くす。
投資とは、技術ではなく、態度である。
投資とは予測することに止まらない。
願いや祈りも込めた未来への青写真でもある。
私たち、一人ひとりの覚悟が人類の未来を決するのだ。
ならば、深く考え、強く願うのだ。
人々の中の対立や矛盾を昇華させて、
お前の覚悟で、お前の力で、人類の未来を半歩、理想へと進めるのだ。

2018年12月某日

山本 潤

【著者紹介】

山本 潤（やまもと・じゅん）

◉――和光証券を経て1997年、日本株運用チームの一員として米系投資顧問クレイフィンレイインク（運用資産8000億円）に入社。1997-2003年には上位１％の運用成績を達成。2004年から2017年まで日本株ロング・ショート戦略ファンドマネジャーを務めた。現在は、株式会社ダイヤモンド・フィナンシャル・リサーチにて有料メルマガ＆サロンを通した定額運用サービスを提供。株式会社リンクスリサーチの「株の学校」講師。2017年まぐまぐ大賞（資産運用の部）で１位となった老舗メルマガ「億の近道」に執筆中。

◉――コロンビア大学大学院修了。哲学・工学・理学の修士号を持つ。中央大学大学院理工学研究科（数学専攻）の博士後期課程に在籍中。著書に『投資家から「自立する」投資家へ』（パンローリング）など。

皆木 和義（みなぎ・かずよし）

◉――早稲田大学法学部卒。大学在学中より名経営者である日本精工元会長・今里廣記氏に師事。その後も、京セラ名誉会長・稲盛和夫氏、アサヒビール元会長・樋口廣太郎氏などの著名な経営者から経営を学ぶ。

◉――プロ経営者として、2007年に東証一部の㈱ハードオフコーポレーション代表取締役社長に就任。2014年には㈱リソー教育副社長に就任し、当時、破綻の危機に瀕した同社にて、コンプライアンス重視の経営、ガバナンス経営を実現する経営改革を行い、１年半で見事復活させる。著書に『軍師の戦略』（クロスメディア・パブリッシング）、『稲盛和夫と中村天風』（プレジデント社）、『松下幸之助の菜根譚』（あさ出版）など多数。

1%の人《ひと》が知《し》っている99%勝《か》てる株《かぶ》が見《み》つかる本《ほん》〈検印廃止〉

2019年１月21日　第１刷発行

著　者――山本　潤／皆木　和義

発行者――齊藤　龍男

発行所――株式会社かんき出版

東京都千代田区麴町4-1-4 西脇ビル　〒102-0083

電話　営業部：03(3262)8011㈹　編集部：03(3262)8012㈹

FAX　03(3234)4421　振替　00100-2-62304

http://www.kanki-pub.co.jp/

印刷所――大日本印刷株式会社

 ISBN978-4-7612-7392-7 C0033